神奇的自然地理百科丛书

历史的记忆——文化与自然遗产博览 2

谢　宇◎主编

花山文艺出版社

河北·石家庄

图书在版编目（CIP）数据

历史的记忆：文化与自然遗产博览.2/ 谢宇主编
. —石家庄：花山文艺出版社，2012（2022.2重印）
（神奇的自然地理百科丛书）
ISBN 978-7-5511-0664-1

Ⅰ.①历… Ⅱ.①谢… Ⅲ.①文化遗产－中国－青年
读物②文化遗产－中国－少年读物③自然保护区－中国－
青年读物④自然保护区－中国－少年读物 Ⅳ.
①K203-49②S759.992-49

中国版本图书馆CIP数据核字(2012)第248732号

丛 书 名：神奇的自然地理百科丛书
书　　 名：历史的记忆：文化与自然遗产博览 2
主　　 编：谢　宇
责任编辑：贺　进
封面设计：袁　野
美术编辑：胡彤亮
出版发行：花山文艺出版社（邮政编码：050061）
　　　　　（河北省石家庄市友谊北大街 330号）
销售热线：0311-88643221
传　　 真：0311-88643234
印　　 刷：北京一鑫印务有限责任公司
经　　 销：新华书店
开　　 本：700×1000　1/16
印　　 张：10
字　　 数：140千字
版　　 次：2013年1月第1版
　　　　　2022年2月第2次印刷
书　　 号：ISBN 978-7-5511-0664-1
定　　 价：38.00元

前 言

　　人类自身的发展与周围的自然地理环境息息相关，人类的产生和发展都十分依赖周围的自然地理环境。自然地理环境虽是人类诞生的摇篮，但也存在束缚人类发展的诸多因素。人类为了自身的发展，总是不断地与自然界进行顽强的斗争，克服自然的束缚，力求在更大程度上利用自然、改造自然和控制自然。可以毫不夸张地说，一部人类的发展史，就是一部人类开发自然的斗争史。人类发展的每一个新时代基本上都会给自然地理环境带来新的变化，科学上每一个划时代的成就都会造成对自然地理环境的新的影响。

　　随着人类的不断发展，人类活动对自然界的作用也越来越广泛，越来越深刻。科技高度发展的现代社会，尽管人类已能够在相当程度上按照自己的意志利用和改造自然，抵御那些危及人类生存的自然因素，但这并不意味着人类可以完全摆脱自然的制约，随心所欲地驾驭自然。所有这些都要求人类必须认清周围的自然地理环境，学会与自然地理环境和谐相处，因为只有这样才能共同发展。

　　我国是人类文明的重要发源地之一，这片神奇而伟大的土地历史悠久、文化灿烂、山河壮美，自然资源十分丰富，自然地理景观灿若星辰，从冰雪覆盖的喜马拉雅、莽莽昆仑，到一望无垠的大洋深处；从了无生气的茫茫大漠、蓝天白云的大草原，到风景如画的江南水乡，绵延不绝的名山大川，星罗棋布的江河湖泊，展现和谐大自然的自然保护区，见证人类文明的自然遗产等自然胜景共同构成了人类与自然和谐相处的美丽画卷。

　　"读万卷书，行万里路。"为了更好地激发青少年朋友的求知欲，最大程度地满足青少年朋友对中国自然地理的好奇心，最大限度地扩展青少年读者的自然地理知识储备，拓宽青少年朋友的阅读视野，我们特意编写了这套"神奇的自然地理百科丛书"，丛书分为《不断演变的明珠——湖泊》《创造和谐的大自然——自然保护区 1》《创造和谐的大自然——自然保护区 2》《历史的记忆——文化与自然遗产博览 1》《历史的记忆——文化与自然遗产博览 2》《流动的音符——河流》《生命的希望——海洋》《探索海洋的中转站——岛屿》《远航的起点和终点——港口》《沧海桑田的见证——山脉》十册，丛书将名山大川、海岛仙境、文明奇迹、江河湖泊等神奇的自然地理风貌一一呈现在青少年朋友面前，并从科学的角度出发，将所有自然奇景娓娓道来，与青少年朋友一起畅游瑰丽多姿的自然地理百科世界，一起领略神奇自然的无穷魅力。

　　丛书根据现代科学的最新进展，以中国自然地理知识为中心，全方位、多角度地展现了中国五千年来，从湖泊到河流，从山脉到港口，从自然遗产到自然保护区，从海洋到岛屿等各个领域的自然地理百科世界。精挑细选、耳目一新的内容，更全面、更具体的全集式选题，使其相对于市场上的同类图书，所涉范围更加广泛和全面，是喜欢和热爱自然地理的朋友们不可或缺的经典图书！令人称奇的地理知识，发人深思的神奇造化，将读者引入一个全新的世界，零距离感受中国自然地理的神奇！流畅的叙述语言，逻辑严密的分析理念，新颖独到的版式设计，图文并茂的编排形式，必将带给广大青少年轻松、愉悦的阅读享受。

编者
2021年8月

目 录

第一章
◎ ◎ ◎
浙江省的文化与自然遗产
◎ ◎ ◎ ◎ ◎ ◎ ◎ ◎ ◎ ◎ ◎ ◎ ◎ ◎

杭州西湖文化景观

1. 概况

杭州西湖位于浙江省杭州市西部，杭州市市中心，著名潟湖，旧称武林水也称西子湖。其余三面环山，面积约6.5平方千米，南北长约3.2千米，东西宽约2.8千米，云山秀水是西湖的底色；山水与人文交融是西湖风景名胜区的格调。

西湖之妙，在于湖裹山中，山屏湖外，湖和山相得益彰。西湖的美，在于晴中见潋滟，雨中显空蒙，无论雨雪晴阴都能成景。湖区以苏堤和白堤的优美风光见称。苏堤和白堤横贯于西湖，把西湖分隔为西里湖、小南湖、岳湖、外湖和里湖五部分。每当晨光初启，宿雾如烟，湖面腾起薄雾时，便出现六桥烟柳的优美风景，是钱塘十景之一。绕湖一周近15千米。

西湖平均水深2.27米，水体容量约为1429万立方米。湖中被孤山、白堤、苏堤、杨公堤分隔，按面积大小分别为外西湖、西里湖（又称"后西湖"或"后湖"）、北里湖（又称"里西湖"）、小南湖（又称"南湖"）及岳湖等五片水面，其中外西湖面积最大。孤山是西湖中最大的天然岛屿，苏堤、白堤越过湖面，小瀛洲、湖心亭、阮公墩三个人工小岛鼎立于外西湖湖心，夕照山的雷峰塔与宝石山的保俶塔隔湖相映，由此形成了"一山、二塔、三岛、三堤、五湖"的基本格局。

由于其在中国的历史文化和风景名胜中的重要地位，西湖被评选为首批国家重点风景名胜区（1982年）、中国十大风景名胜（1985年）和首批国家5A级旅游景区（2006年）。此外，1979年中国发行的外汇兑换券壹圆券以及2004年发行的第五套人民币壹圆纸币背面均使用了西湖的三潭印月的图案，更说明了杭州西湖在中国风景名胜中的地位。杭州也因西湖而声名远扬，如：东方休闲之都、中国最佳旅游城市、西湖博览会等等。中国各地以"西湖"命名的湖泊有二十个之多，通常认为杭州西湖是其中最著名的湖泊。

西湖古称"钱塘湖"，古代诗人苏轼就对它评价道："欲把西湖比西子，淡妆浓抹总相宜。"所以又名"西子湖"。

西湖形态为近于等轴的多边形，湖面被孤山及苏堤、白堤两条人工堤分割为5个子湖区，子湖区间由桥孔连通，各部分的湖水不能充分掺混，造成各湖区水质差异，

大部分径流补给先进入西侧3个子湖区，再进入外西湖；湖水总面积5.593平方千米，总容积1.10亿立方米，平均水深1.97米；西湖底质是一种有机质含量特别高的湖沼相沉积，属于粉砂质黏土或粉砂质亚黏土，最上层皆为藻骸腐泥层（黑色有机质黏土），中层泥炭层或沼泽土，最下层为基底粉砂层；入湖河流部是短小的溪涧，主要补水河流为金沙涧、龙泓涧和长桥溪。

（1）名称由来。

说起西湖的来历，有着许多优美的神话传说和民间故事。相传在很久很久以前，天上的玉龙和金凤在银河边的仙岛上找到了一块白玉，他们一起琢磨了许多年，白玉就变成了一颗璀璨的明珠，这颗宝珠的珠光照到哪里，哪里的树木就常青，百花就盛开。但是后来这颗宝珠被王母娘娘发现了，王母娘娘就派天兵天将把宝珠抢走，玉龙和金凤赶去索珠，王母不肯，于是就发生了争抢，谁知王母的手突然一松，明珠就降落到人间，变成了波光粼粼的西湖，玉龙和金凤也随之下凡，变成了玉龙山（即玉皇山）

和凤凰山，永远守护着西湖。

其实，西湖是一个潟湖。根据史书记载：远在秦朝时，西湖还是一个和钱塘江相连的海湾。耸峙在西湖南北的吴山和宝石山，是当时环抱着这个小海湾的两个岬角。后来由于潮汐的冲击，泥沙在两个岬角淤积起来，逐渐变成沙洲。此后日积月累，沙洲不断向东、南、北三个方向扩展，终于把吴山和宝石山的沙洲连在一起，形成了一片冲积平原，把海湾和钱塘江分隔了开来，原来的海湾变成了一个内湖，西湖就由此而诞生了。

杭州西湖，最早据东汉班固《汉书》卷二十八《地理志》记载："武林山，武林水所到之处出。东入海，行八百三十里。"一般认为，武林山即今灵隐、天竺一带群山的总称，而发源于这一带的南涧、北涧等山涧汇合为金沙涧，东流注入西湖，是西湖最大的天然水源。因此"武林水"之名是最早见于记载的西湖的名字。北魏郦道元《水经注》记载："县南江侧，有明圣湖，父老传言，湖有金牛，古见之，神化不测，湖取名焉。"

此时衍生出西湖较早的另外两个古称：明圣湖和金牛湖。

约东汉时，一名叫华信的地方官，在西湖以东地带筑塘抵挡钱塘江咸潮而得名钱塘湖。这是唐以前西湖通用的名称。白居易诗文中每每提及钱塘湖，如《答客问杭州》中"山名天竺堆青黛，湖号钱塘泻绿油"。诗人张祜也有诗作，题为《早春钱塘湖晚》。

出现"西"湖之称，是由于早前的钱塘县城，隋以后从位处西湖之西，迁建到西湖之东，也就是原来在城东的钱塘湖，现在位于城西了。湖居城西，故名西湖，这和全国其他地方同名西湖者是一样的。至迟在唐代，"西湖"这个称呼已经被频繁使用，同样是白居易诗文，就经常用"西湖"一词，如其诗题有《西湖晚归回望孤山寺赠诸客》《西湖别》等等。

北宋诗人苏轼（东坡）在他的名篇《饮湖上初晴后雨》诗中咏"欲把西湖比西子，淡妆浓抹总相宜"的千古绝唱后，西湖又有了西子湖的美名。西子即春秋时越国的绝代佳人西施。比较天下数十以西湖命名的湖泊，也唯有杭州西湖当得起如此盛誉。南宋时，西湖出现了畸形的繁华艳丽，偏安江南的统治集团不思恢复故土，却沉湎于湖光山色、奢靡享乐之中，一掷万金，花天酒地，西湖于是又被人称为"销金锅"，非常恰当，也非常辛辣。 除上文提及的名称外，西湖尚有众多别名，如：龙川、钱源、石函湖、放生池、上湖、高士湖、明月湖、美人湖等等。每个别名，各有来历。石函湖是因唐长庆年间白居易筑石函以蓄泄湖水而来；上湖是相对于其北地势较低的下湖而言；放生池是由于北宋天禧年间杭州郡守王钦若奏请以西湖为放生池而得；贤者湖系南宋文人楼钥以西湖有贤者之风而称。如此等等，不一而足。西湖拥有这么多的芳名雅号，正好从一个侧面展示了她悠久的历史，秀丽的风貌，丰富的文化意蕴和迷人的魅力。

（2）西湖十景。

西湖十景：形成于南宋时期，基本围绕西湖分布，有的就位于湖上：苏堤春晓、曲院风荷、平湖秋月、断桥残雪、柳浪闻莺、花港观鱼、雷峰夕照、双峰插云、南屏晚钟、三潭印月。西湖十景各擅其胜，组合在一起又能代表古代西湖胜景精华，所以无论杭州本地人还是外地山水客都津津乐道，先游为快。

新西湖十景：是1985年经过杭州市民及各地群众积极参与评选，并由专家评选委员会反复斟酌后确定的，它们是：云栖竹径、满陇桂雨、虎跑梦泉、龙井问茶、九溪烟树、 吴山天风、阮墩环碧、黄龙吐翠、玉皇飞云、宝石流霞。

西湖新十景：2007年10月20日西博会开幕式晚会上，宣布了三评西湖十景的结果是： 灵隐禅踪、六和听涛、岳墓栖霞、湖滨晴雨、钱祠表忠、松书缘、杨堤景行、三台云水、梅坞春早、北街梦寻。

2.被列入《世界遗产名录》的原因

在杭州西湖申遗文本中，把"杭州西湖文化景观"定义为："十个多世纪以来，中国传统文化精英的精神家园，是中国各阶层人们世代向往的人间天堂，是中国历史最久、影响最大的文化名湖，曾对9至18世纪东亚地区的文化产生广泛影响。"

"杭州西湖文化景观"肇始于9世纪、成形于13世纪、兴盛于18世纪、并传承发展至今,包括:秀美的自然山水、独特的"两堤三岛""三面云山一面城"的景观整体格局、著名的系列题名景观"西湖十景"、内涵丰富的10处相关重要文化遗存、历史悠久的西湖龙井茶园,具有丰富的历史文化内涵、独特的审美特征以及突出的精神价值,遗产区面积约43.3平方千米。

3.世界遗产委员会评价

世界遗产委员会认为,"杭州西湖文化景观"是文化景观的一个杰出典范,它极为清晰地展现了中国景观的美学思想,对中国乃至世界的园林设计影响深远。

第二章
⊙　⊙　⊙
安徽省的文化与自然遗产
⊙　⊙　⊙　⊙　⊙　⊙　⊙　⊙　⊙　⊙

一、皖南古村落

1.遗产概况

西递、宏村古民居位于中国东部安徽省黟县境内的黄山风景区。西递和宏村是安徽南部民居中最具有代表性的两座古村落，它们以世外桃源般的田园风光、保存完好的村落形态、工艺精湛的徽派民居和丰富多彩的历史文化内涵而闻名天下。

皖南古村落是指中国东部安徽省境内长江以南地区在清末（1911年）以前形成的具有历史、艺术、科学价值的民居、祠堂、书院、牌坊、楼台亭阁及水口等建筑群。中心地带为原徽州府的一府六县，即歙县、黟县、休宁、祁门、绩溪、婺源六县，其中黟县是至今保留古村落最完整、最多的县之一。

西递村位于黄山市黟县城东8千米处，四面环山，因地处古徽州府之西，历史上曾在此设驿站"铺递所"而得名。西递，即取村中三条溪流水势东往西流之意。始建于北宋皇祐年间（1049～1054年），距今已有近千年的历史。和皖南地区其他众多的古村落一样，西递也是以姓氏聚族而居的古村落，为胡氏宗族聚集地。整个村落面积为129600平方米，东西长约800米，保存有完整的古民居122幢，现有居民300余户，人口1000余人。西递景色优美，物产丰富，民风淳朴，历史上被誉为"桃花源里人家"。

西递村选址在地势较高的西溪源头，是风水学上的三阳之地。三条溪流从西递村北、村东流经全村后在村南会源桥处汇聚。村西两山夹峙处设有水口。整个村落仿船形而建。鳞次栉比的古民居构成船体，村口高大的乔木和原有的13座牌坊好似桅杆，四周的数十万平方米良田簇拥着村庄，使它恰似一艘巨轮停泊在宁静的港湾里，象征"借水西行，得神助取真经，从而大吉大发"。

西递村以敬爱堂、追慕堂为中心，沿前边溪、后边溪呈带状布局。村落以一条纵向的街道和两条沿溪的道路为主要骨架，由宽约3米的正街、路街、前边溪街、后边溪街等四条街道，构成以东向为

东方古代建筑艺术的宝库——古村落

主，向南北延伸的村落街巷系统，40多条保存完好的古巷里弄辐射全村。在敬爱堂、追慕堂、胡文光刺史牌楼等公共建筑前均留有小型广场，是各种宗教活动的场所。横路街、直街是村里繁荣的商业中心，平日里街上布店、钱庄、酒肆、茶馆应有尽有，街面匾额高悬，热闹非凡。所有街巷均用黟县青石铺地，整齐而清净。青石路两边设有排水明沟。街巷空间时而开阔，时而封闭。巷道、溪流、建筑布局相宜，村落空间变化灵活，具有很高的审美情趣，体现了皖南古村落的特有风貌。

西递村里的古建筑多为木结构、砖墙维护，以丰富多彩的木雕、石雕、砖雕作装饰，色调朴素淡雅，是中国徽派建筑艺术的典型代表。建筑多为楼式建筑。从街上看去，西递民居外表简朴。住宅有精雕细刻的八字大门楼，高耸的马头山墙，曲折的墙面，形状各异的石雕漏窗及街头巷尾的石凳、水井、石板桥，一切都保持着明清时期的原有风貌，向人们展示着旧日的繁华。进大门迎面可见天井和厅

堂，天井四水归堂，应肥水不外流之风俗。整个房屋平面呈对称布局，俗称"一颗印模式"，楼梯在厅堂前后或左右，两侧多为厢房，一般有二进、三进、四合等多种组合形式。尤其引人注目的是房间的梁、枋、斗栱、雀替、隔扇和凭空窗上的雕刻异常精美，把代表徽派民居风格的三绝（祠堂、牌楼、民居）和三雕（石雕、砖雕、木雕）在西递村发挥得淋漓尽致，如今大都完好地保存下来。

宏村位于黄山西南麓，黟县县城东北10千米处，始建于南宋绍兴元年（1131年）。村落面积约280000平方米，其中被界定为古村落范围的面积有191100平方米。现存明清（1368～1911年）时期古建筑158幢，保存完整的为137幢。原是明清时期黟县赴京通商的必经之处。由于这里地势较高，因此常常被云雾笼罩，被誉为"中国画里的乡村"。

宏村是以汪氏家族为主聚居的村落，最早称为"弘村"，据汪氏族谱记载，当时因"扩而成太乙象，故而美曰弘村"。清乾隆年间更名为宏村。

明永乐年间，宏村汪氏七十六世祖汪思齐聘请当时号称国师的风水先生何可达作指导，取"牛卧马驰，莺舞凤飞，牛富凤贵"之意，将村落"建成牛形"。从高处看，整个村庄宛若一头斜卧山前溪边的青牛，以昂首挺拔的雷岗山作"牛头"，以满山苍翠的古树为牛角，以村里鳞次栉比的建筑为牛身，以卧在"牛身"中的半月形池塘为"牛胃"，以一条盘绕在"牛腹"内的400余米长的人工溪水作"牛肠"，以村西溪水上架起的四座木桥作"牛脚"。

从现存的明清时期民居可以看出，整个宏村以正街为轴线，西临羊栈河、濉溪交汇处，东傍东溪和东山，背靠雷岗山，北围月塘，南倚南湖和奇墅湖。

宏村在充分发挥自然水系作用的同时，又极巧妙地安排了村内的人工水系。宏村用一条人工水圳从村西石碣引来碧泉，经九曲十弯而贯穿全村，流经家家门前，大多民居将溪水引入宅内，形成村落特有的"宅园""水院"，最后注入村南人工湖、南湖，灌溉农田。

宏村民居建筑开创了徽派建筑里别具特色的水榭民居模式，形成了"明圳潺潺门前过，暗圳淙淙堂下流""浣汲未防溪路远，家家门巷有清泉"的绝妙景色。这种别出心裁的村落水系设计，不仅为村民生产、生活用水和消防用水提供了方便，而且调节了气温和环境。

宏村的古建筑均为粉墙青瓦，分列规整。承志堂是其中最为宏大、最为精美的代表作，被誉为"民间故宫"。它堪称一所徽派木雕工艺陈列馆，各种木雕层次丰富，繁复生动，经过百余年时光的消磨，至今仍金碧辉煌。2000年联合国教科文组专家评估考察宏村申报世界文化遗产时称赞道："宏村堪称中国古村落的典型。"

宏村拥有美丽的南湖景观，许多一流的古民居、宁静的古街巷，以及完美的自然背景，尤其是南湖周围的景色在世界上很难找到与之相类似的例子，在欧洲可以找到类似的地方是意大利的威尼斯、荷兰的阿姆斯特丹，但那是大城市，像宏村这样美丽的乡村水街景观可以

说是举世无双。"

西递、宏村的村落选址、布局和建筑形态都以周易风水理论为指导，体现了天人合一的中国传统哲学思想和对大自然的向往与尊重。

那些典雅的明、清民居建筑群与大自然紧密相融，创造出一个既合乎科学，又富有情趣的生活居住环境，是中国传统民居的精髓。在科技高度发展的今日，它们是地球上正逐渐消失的古村落的幸存者，它们也为这种曾经存在的地域文明提供了实证。

2000年11月30日，西递、宏村作为我国唯一的古村落类型，被联合国教科文组织作为文化遗产列入《世界遗产名录》。

2.文化遗产

（1）西递村。

西递村始建于北宋，迄今已有950年的历史，为胡姓人家聚居之地。整个村落呈船形，四面环山，两条溪流穿村而过，村中街巷沿溪而设，均用青石铺地，整个村落空间自然流畅，动静相宜。街巷两旁的古建筑淡雅朴素，错落有致。西递村现存明、清古民居124幢，祠

堂3幢，包括凌云阁、刺史牌楼、瑞玉庭、桃李园、东园、西园、大夫第、敬爱堂、履福堂、青云轩、膺福堂等，都堪称徽派古民居建筑艺术之典范。

西递村头的三间青石牌坊建于明万历六年（1578年），四柱五楼，峥嵘巍峨，结构精巧，是胡氏家族地位显赫的象征。村中有座康熙年间建造的"履福堂"，陈设典雅，充满书香气息，厅堂题为"书诗经世文章，孝悌传家根本""读书好营商好效好便好，创业难守成难知难不难"的对联，显示出"儒商"本色。村中另一古宅为"大夫第"，建于清康熙三十年（1691年），为临街亭阁式建筑，原用于观景。门额下有"作退一步想"的题字，语意警醒，耐人咀嚼。西递村中各家各户的宅院都颇为富丽雅致——精巧的花园、黑色大理石制作的门框、漏窗，石雕的奇花异卉、飞禽走兽，砖雕的楼台亭阁、人物戏文及精美的木雕，绚丽的彩绘、壁画，都体现了中国古代艺术之精华。其"布局之工，结构之巧，装饰之美，营造之精，文化内涵之深"，为国内古民居建筑群所罕见，是徽派民居中的一颗明珠。

（2）宏村。

宏村始建于南宋绍熙年间（1190~1194年），原为汪姓聚居之地，绵延至今已有800余年。它背倚黄山余脉羊栈岭、雷岗山等，地势较高，经常云蒸霞蔚，有时如浓墨重彩，有时似泼墨写意，真好似一幅徐徐展开的山水长卷，因此被誉为"中国画里的乡村"。

古宏村人规划、建造的牛形村落和人工水系，这种别出心裁的科学村落水系设计，不仅为村民解决了消防用水，而且调节了气温，为居民生产、生活用水提供了方便，创造了一种"浣汲未防溪路远，家家门前有清泉"的良好环境。全村现有保存完好的明清古民居140余幢，古朴典雅，意趣横生。承志堂富丽堂皇，精雕细刻，可谓皖南古民居之最；南湖书院的亭台楼阁与湖光山色交相辉映，深具传统徽派建筑风格；敬修堂、东贤堂、三立堂、叙仁堂，或气度恢弘，或朴实端庄，再加上村中的参天古木、民居墙头的青藤老树，庭中的百年牡丹，真可谓是步步入景，处处堪画，同时也反映了悠久历史所留下的广博深邃的文化底蕴。

皖南古村落还有一个明显的特征，即村落建设极为重视风水学，甚至"无村不卜"。他们认为"地有凶吉之别，时有凶恶之分"。村落的选址、市井的门向坐位、塘渠的走向乃至堂、庭、院、厨的位置都要符合阴阳之说，事先要请"地师"进行勘察选择。以现代科学的眼光来看待按风水之说选址、规划的古村落及其建筑，除去其消极作用，至少在村落中注意利用原有自然环境、讲究藏风聚气、负阴抱阳等方面，是创造了一个适合当地自然环境的最佳居住生存环境，对当今的城镇规划和建设都有不少可供借鉴之处。

3.世界遗产委员会评价

西递、宏村这两个传统的古村落在很大程度上仍然保持着那些在20世纪已经消失或改变了的乡村面貌。其街道的风格、古建筑和装饰物，以及供水系统完备的民居都是非常独特的文化遗存。

二、黄山

1.黄山简介

黄山位于中国安徽省南部，地处皖南歙县、黟县和休宁县境内，是长江与钱塘江水系的分水岭。南北长约40千米、东西宽约30千米，面积约1200平方千米，其中精华部分为154平方千米，号称"五百里黄山"。黄山千峰竞秀，有奇峰72座，其中天都峰、莲花峰、光明顶都在海拔1800米以上。兼有泰山之雄伟、华山之峻峭、衡岳之烟云、庐山之飞瀑、雁荡之巧石、峨眉之清凉。

黄山处于亚热带季风气候区内，由于山高谷深，气候呈垂直变化。同时由于北坡和南坡受阳光的辐射差大，局部地形对其气候起主导作用，形成云雾多、湿度大、降水多的气候特点。主峰莲花峰，海拔1864米。山中的温泉、云谷、松谷、北海、玉屏、钓桥6大景区，风光旖旎，美不胜收。

在秦代，黄山称做"黟山"，因传说中华民族的始祖轩辕黄帝曾在此修炼升仙，唐天宝六载（747年）六月十六日改现名，是日还被唐玄宗钦定为黄山的生日。南宋谢翱在其《送张士达游黄山歌》中云："混沌乍开始自大唐国,易黟为黄而附轩辕炼丹盟仙群。"直到今天,黄山诸峰中的众多峰名都与黄帝的传说有关。唐代大诗人李白曾赋诗赞曰:"黄山四千仞,三十二莲峰。丹崖米石柱,菡萏金芙蓉。"明代旅行家、地理学家徐霞客两游黄山,赞叹说:"登黄山天下无山,观止矣!"从此,黄山又有了"五岳归来不看山,黄山归来不看岳"的美誉。

黄山以其奇伟俏丽、灵秀多姿著称于世。这里还是一座资源丰富、生态完整,具有重要科学和生态环境价值的国家级风景名胜区和疗养避暑胜地,自然景观与人文景观俱佳。

黄山以其博大神奇的风貌、典型的美学特征和重要的科学价值,不仅是中国,而且也是全人类最珍贵的自然和文化遗产。

2.自然奇观

黄山经历了漫长的造山运动和地壳抬升,以及冰川的洗礼和自然风化作用,才形成其特有的峰林结构。黄山号称有"三十六大峰,三十六小峰",主峰莲花峰高达1864米,与平旷的光明顶、险峻的天都峰一起,雄踞在景区中心,周围还有77座千米以上的山峰,群峰叠翠,有机地组合成一幅有节奏旋律的,波澜壮阔的,气势磅礴的立体画面。

山体主要由燕山期花岗岩构成,垂直节理发育,侵蚀切割强烈,断裂和裂隙纵横交错,长期受水溶蚀,形成瑰丽多姿的花岗岩洞穴与孔道,使之重岭峡谷,关口处处,全山有岭30处、岩22处、关2处。前山岩体节理稀疏,岩石多球状风化,山体浑厚壮观;后山岩体节理密集,多是垂直状风化,山体俊俏,形成了"前山雄伟,后山秀丽"的地貌特征。

黄山风景名胜区范围154平方千米,外围保护地带142平方千米,是一座综合峰、石、松、云、泉等各种罕见景观的风景区。区内峰林地貌独特、山峰险峻雄峙,配以变幻莫测的烟云,使自然美景千变万化构成了奇、伟、幻、险的奇观。可以说,黄山无峰不石,无石不松，无松不奇。并以奇松、怪石、云海、温泉四绝著称于世。其二湖、三瀑、一十六泉、二十四溪相映成趣。山下还有著名的地质学家李四光发现的第四纪冰川遗址。黄山的原生植物种质资源和野生动物资源丰富。其丰富的水资源更增添了黄山的神奇魅力。风景区内共有自然景点400余处，号称"天下第一奇山"。

（1）冰川遗迹。

黄山有丰富的第四纪冰川遗迹，主要分布在前山的东南部，典型的冰川地貌有：苦竹溪、逍遥溪为冰川移动刨蚀而成的"U"形谷；眉毛峰、鲫鱼背等处是两条"V"形谷和刨蚀残留的刀脊；天都峰顶是三面冰斗刨蚀遗留下来的角峰；百丈泉、人字瀑为冰川谷和冰川支谷相汇成的冰川悬谷；逍遥溪到汤口、乌泥关等河床阶地中，分布着冰川搬运堆积的冰碛石；传为轩辕黄帝炼丹用的"丹井""药臼"，也是由冰川作用形成的冰臼。

（2）水资源。

黄山是钱塘江和长江两大水系的分水岭，水资源十分丰富，自中心向四周放射状展布着众多的山涧沟谷，其中大谷36条，形成36源，汇入24溪水，以桃花、云门二峰为界，分别流入新安江、钱塘江和青弋江、长江。黄山高差大，山水迸泻，形成飞瀑，悬垂如练，溅珠喷玉，构成黄山最积极、最有生命力的景观，著名的有"人字瀑""百丈泉"和"九龙瀑"，此外，已命名的潭还有20处，泉15处，池9处。

奇异的峰林地貌：在漫长的地质年代里，造山运动和地壳抬升，使黄山具有了罕见的地质结构，冰川的洗礼和自然风化剥蚀的加工修饰，塑成了它气势磅礴的峰林地貌。黄山素称有"三十六大峰，

黄山第一松——迎客松

三十六小峰"。最高峰莲花峰，海拔1864米。主峰周围千米以上的高峰有77座，石林、石柱、怪岩数百处，全山有近百处瀑布和池潭，丰富的水资源给黄山增添了魅力。

丰富的生物宝库：黄山有"天然动物园"和"天下植物园"之称。其环境和气象复杂，森林覆盖率为56%，植被覆盖率达83%。植物垂直分带明显，群落完整，生态稳定。自然分布有原生种质植物1450种，属国家一级保护的有木杉，二级保护的有银杏等8种，是中国南方的植物资源宝库。黄山松是黄山一大奇观，列黄山"四绝"之首。全山百年以上的黄山松数以万计。它们形态奇异，或盘结于危岩，或挺立于峰顶，已命名的就有近百株。其中迎客松最负盛名，已成为黄山的象征。

黄山的高山密林溪流中，还栖息着大量的野生动物，其中鱼类有24种，两栖类20种，爬行类38种，脊椎动物300种。梅花鹿为国家一级保护动物，猕猴、青猴为国家二级保护动物。

高山一般都可见到云海，但是黄山的云海更有其特色，可以说是一大奇观，特别是奇峰怪石和古松隐现云海之中，就更增加了美感。黄山一年之中有云雾的天气达200多天，而且云来雾去，变化莫测，时而是风平浪静的一片汪洋，时而波涛汹涌，白浪排空，黄山地名亦因此而叫"西海""东海""前海""后海"。日出时，霞光和太阳穿云破雾，致使云海尽染，金光穿射，绚丽夺目。

黄山的奇峰怪石是大自然雕刻家留下的杰作，有的似人，有的似物，似禽，似兽，惟妙惟肖。其中著名的怪石有"飞来石""猴子观海""梦笔生花""仙人下棋""犀牛望月""金鸡叫天门""孔雀戏莲花"等。

温泉是黄山的另一绝处，也正是其得天独厚之处。黄山温泉，又称"汤泉"，亦名"灵泉"，位于紫云峰和桃花峰之间，常温42℃，水质清澈，味道甘甜，可饮可浴。另有锡泉、锡杖泉、洗杯泉。

（3）黄山物种。

黄山自然环境条件复杂，生态系统稳定平衡，植物垂直分带明显，群落完整，还保存有高山沼泽和高山草甸各一处，是绿色植物荟萃之地，有石斛等10个物种属濒临灭绝的物种，6种为中国特有种，黄山特有2种。首次在黄山发现或以黄山命名的植物有28种，尤以名茶"黄山毛峰"、名药"黄山灵芝"驰名中外。黄山古树名木众多，以古、大、珍、奇、多著称于世，又以黄山松最负盛名。

黄山还是动物栖息和繁衍的理想场所，主要珍禽异兽有白颈长尾雉、猕猴、短尾猴、梅花鹿、野山羊、云豹、八音鸟、白鹇鸟、相思鸟等。

（4）黄山四绝。

"自古黄山天下奇"，"黄山之奇，信在诸峰；诸峰之奇，信在松石；松石之奇，信在拙古；云雾之奇，信在铺海。"横空峰峦，浩渺云烟，奔泄飞瀑，嶙峋巧石，奇特青松，无不展现着黄山的壮美风姿。

奇松：松是黄山最奇特的景观，百年以上的黄山松就数以万计，多生长于岩石缝隙中，盘根错节，傲然挺拔，显示出极顽强的生命力，已命名的多达近百株，玉屏峰下的迎客松更成为黄山的象征。

怪石：黄山险峰林立，危崖突兀，峰脚直落谷底，山顶、山腰和山谷等处广泛分布着花岗岩石林和石柱，巧石怪岩犹如神工天成，形象生动，构成一幅幅绝妙的天然图画，其中有名可数的有120多处，著名的有"松鼠跳天都""猴子望太平"等。

云海："自古黄山云成海"，黄山是云雾之乡，以峰为体，以云为衣，其瑰丽多姿的"云海"以美、胜、奇、幻享誉古今，尤其是雨雪后的初晴，日出或日落时的"霞海"最为壮观。怪石、奇松、峰林飘浮在云海中，忽隐忽现，置身其中，犹如进入梦幻境地，飘飘欲仙，可领略"海到无边天作岸，山登绝顶我为峰"的境界。

温泉：黄山温泉，古称"灵泉""汤泉""朱砂泉"，由紫云峰下喷涌而出，与桃花峰隔溪相望，传说轩辕黄帝就是在此沐浴七七四十九日羽化升天的。温泉中含有多种对人体有益的微量元素。水质纯正，温度适宜，可饮可浴。唐代诗人贾岛曾发出"退哉哲人逝，此水真吾师"的感慨。

3.文化遗产

除以奇绝的自然山水大观著称于世之外，黄山的人文景观更是灿若星河。黄山以博大的情怀，将各历史时期、各社会阶层的各种文化意识和行为融为一体，在其自然景物与环境之间，形成了特定的黄山文化。黄山是中国著名山水画派的发祥地，黄山还有精美的历代摩崖石刻200余处。

黄山与宗教有密切的关系。道教在黄山建立较早的道观有浮丘观、九龙观等。宋末道士张尹甫在黄山修炼，创建松谷道场。但到明末以后，全山范围内已无道教活动的踪迹。

据《黄山图经》记载，佛教早在南朝刘宋间就传入黄山，历代先后修建寺庙近百座。寺庙之中、祥符寺、慈光寺、翠微寺和掷钵禅院，号称黄山"四大丛林"。

黄山伟大的自然美，使无数诗人、画家和其他艺术家为之赞叹和陶醉，产生无法抑制的创作激情，留下了不可胜数的艺术作品。黄山艺术作品的体裁和内容都十分丰

富，它们从各个侧面发掘体现并充实了黄山的美，是祖国艺术宝库中的灿烂花朵。

（1）源远流长的宗教文化。

黄山与宗教有密切的关系，唐代道教旧籍中，关于轩辕黄帝和容成子、浮丘公来山炼丹、得道升天的仙道故事，流传千年，影响深广，至今还留下与上述神仙故事有关的许多峰名，黄山山名，亦与黄帝炼丹之说有关。黄山历代释徒中，能诗善画者多，著名的有：唐代岛云；明代海能、弘智、音可、元则、王寅、清代大均、大涵、檗庵、渐江、雪庄等，都有作品传世。

（2）精品荟萃的黄山艺术。

从盛唐到晚清的1200年间，仅就赞美黄山的诗词来说，现在可以查到的就有2万多首。

黄山艺术作品的体裁和内容都十分丰富。它们从各个侧面发掘体现并充实了黄山的美，是祖国艺术宝库中的灿烂花朵。就诗文而言，李白、贾岛、范成大、石涛、龚自珍、黄炎培、董必武、郭沫若、老舍等都有不少佳作流传于世。散文

中，徐霞客的《游黄山日记》，袁牧的《游黄山记》，叶圣陶的《黄山三天》，丰子恺的《上天都》等都展现了黄山的绝美秀丽的风姿。另外，黄山的故事传说也不胜枚举，如《黄帝炼丹》《李白醉酒》《仙人指路》《仙女绣花》等广为传颂。

以体现黄山俊美恬静而著名的黄山画派，更是成为黄山文化的一颗璀璨明珠。从明代嘉靖时期开始就有黄山的绘画作品。明末清初，有一批画家寄情黄山，描绘黄山的美景，如渐江、查士标、梅青、虚谷、雪庄、石涛等，其中最有成就的是石涛。现代名家有黄宾虹、汪采白、张大千、傅抱石、刘海粟、李可染等，他们笔下的黄山，具有很高的审美价值，为中国绘画宝库留下了珍贵的遗产。黄山画派的大师们不断从黄山山水中汲取养分，丰富自己的艺术创作，他们以凝重简练的笔墨、明快秀丽的构图和清高悲壮的风格、深沉宏达的旨意，在画坛独树一帜。黄山哺育了各个时代的许多艺术家，艺术家们又赋予黄山以艺术的生命。

黄山的景名和摩崖石刻体现了壮观的文化特色。在王妥景区，就有摩崖石刻200处。遍布黄山的摩崖石刻，有两个显著的特点，一是它们分布在道路的近旁，与游览路线紧密结合，游人可以就近欣赏，增加游兴；二是隽刻在石壁上，与山体结合在一起，浑然天成。

黄山1990年被联合国教科文组织作为文化和自然双重遗产列入《世界遗产名录》。

4.世界遗产委员会评价

黄山，在中国历史上文学艺术的鼎盛时期（公元16世纪中叶的"山水"风格）曾受到广泛的赞誉，以"震旦国中第一奇山"而闻名。今天，黄山以其壮丽的景色——生长在花岗岩石上的奇松和浮现在云海中的怪石而著称。对于从四面八方来到这个风景胜地的游客、诗人、画家和摄影家而言，黄山具有永恒的魅力。

第三章

⦿ ⦿ ⦿

江西省的文化与自然遗产

⦿ ⦿ ⦿ ⦿ ⦿ ⦿ ⦿ ⦿ ⦿ ⦿ ⦿

一、庐山风景名胜区

1.风景区概况

庐山位于江西省九江市南，北濒长江，东接鄱阳湖。山体总面积302平方千米，外围保护地带面积为500平方千米。南北长，东西窄。全山共90多座山峰，最高峰为大汉阳峰，海拔1474米，是一座集风景、文化、宗教、教育、政治为一体的千古名山。庐山险峻与秀美刚柔相济，自古就以"雄奇险秀"

庐 山

闻名于世。这里是中国山水诗的摇篮，中国古代教育和理学的中心学府，世界上的五大宗教兼聚，庐山上还荟萃了各种风格迥异的建筑杰作。一道道以庐山自然山水为依托，渗透着浓烈文化色彩的亮丽风景，使庐山不但拥有"秀甲天下"的自然风光，更有着丰厚灿烂的文化内涵。联合国教科文组织世界遗产委员会认为"庐山的历史遗迹以其独特的方式，融会在具有突出价值的自然美中，形成了具有极高美学价值的、与中华民族精神和文化生活紧密相连的文化景观"，给予了庐山高度评价。

2.匡庐奇秀甲天下

庐山位于中国第一大河——长江中游南岸、中国第一大淡水湖——鄱阳湖滨，是座地垒式断块山。大山、大江、大湖浑然一体，险峻与柔丽相济，以"雄、奇、险、秀"闻名于世，素有"匡庐奇秀甲天下"的美誉。

庐山地质构造复杂，有河流、湖泊、坡地、山峰等多种地貌类型，形迹明显，展现出地壳变化的主要过程，有"地质公园"之称。

第四纪庐山上升强烈，许多断裂构造形成众多山峰。庐山上升之际，周围相对下陷，鄱阳湖盆地进一步发展，形成鄱阳湖。北部以褶曲构造为主要特征，形成一系列谷岭地貌；南部和西北部则为一系列断层崖，形成高峻的山峰。山地中分布着宽谷和峡谷，外围则发育为阶地和谷阶。群峰间散布着岗岭26座、堑谷20条、岩洞16个、怪石22处。水流在起伏的山谷间跌宕，有瀑布22处，溪涧18条，湖潭14处。众多的奇峰、怪石、壑谷、瀑布、岩石等，形成了奇特瑰丽的山岳景观。庐山自古被命名的山峰有171座，海拔1474米的大汉阳峰，为庐山主峰。铁船峰，海拔950米，危崖耸立，似一艘巨舰，伟岸壮观。王家坡双瀑，飞瀑成双，势若二龙倚天，喷珠泻玉。三叠泉瀑布，既分为三叠，又呵成一气，落差达155米，风飘日映，千姿百态。

庐山现主要有12个景区、37个景点、230个景物景观。庐山早有"神仙之庐"的传说，水气缭绕的万顷江湖，使庐山夏日清凉，雨水充沛，云雾弥漫。庐山的年平均雾

庐山桥

日多达191天，弥漫的云气为庐山平添了许多迷人秀色和神秘色彩。

庐山生物资源丰富，生态系统完整。森林覆盖率达76.6%，植物具中国第三纪植被特征，有3000余种。庐山植物园建于1934年，是中国长江中下游植物种迁地保护的重要基地。庐山有植物昆虫2000余种，鸟类171种，兽类33种。在鄱阳湖国家级候鸟保护区越冬的候鸟达100余万只，其中有世界是最大的大白鹤群，占世界白鹤总数的95%。

庐山处于亚热带季风区域，面江临湖，山高谷深，具有山地气候特色，气温随高度而递减。这里的夏季特别凉爽，是世界著名的避暑胜地。

庐山的奇峰峻岭、怪石异洞、深峡幽谷、飞瀑流泉、古树名木，与长江和鄱阳湖浑然一体，组合成一幅瑰丽多姿的自然图景。千百年来，无数的先贤高士、文人墨客等纷至沓来，投身于这座奇秀大山的怀抱，在这幅美妙的自然画卷中，充分地展现了他们对大自然的追求。

庐山风景名胜区自然景观与人文景观和谐交融。它以庐山山体为主，呈环状向四周辐射。在这座完整的山岳型风景名胜区内，散布有53处景点，包括了230个景物景观，它们以瀑泉、山石、气象、植物、地质、江湖、人文、别墅建筑为类型错落在牯岭景区、山南景区、东林景区、浔阳景区等各大景区内，与长江、鄱阳湖相依、相融、相映，形成了鲜明的个性和独特的魅力。

3. 庐山文化

庐山的奇峰、怪石、瀑泉、壑谷，雄奇而险秀，孕育出了庐山丰富的历史文化。庐山地区早在6000多年前便有人类的活动。长久以来，人们在这里创造出了内涵丰富、影响深远的庐山文化。这里有远古文化遗址20余处和中古文化遗址600余处。在风景区范围内，有16大自然奇观，474处景点，900余处摩崖石刻，近300余块碑刻，还有600余幢风格各异的近代中外别墅。

中国第一部纪传体史书的作者司马迁，曾登庐山，并将庐山载入了《史记》中。使庐山成为中国田园诗的诞生地、中国山水诗的策源地、中国山水画的发祥地。中国历史上的许多著名文人，如陶渊明、谢灵运、李白、白居易、王安石、苏轼、黄庭坚、陆游、唐寅、康有为、陈三立、胡适、徐志摩、郭沫若等近1500名诗人先后登山，留下了与庐山有关的诗篇4000余首，诗碑遍布于庐山四处。

佛教流入庐山始于三国时期。庐山最早的寺庙是建于公元340年的归宗寺。公元386年，高僧慧远在庐山建东林寺，首创观像念佛的净土法门，开辟了佛教中国化的道路，使庐山成为中国南方的佛教中心。唐代禅师竺道生在庐山精舍，开创"顿悟成佛说"的禅宗；僧人马祖道在山下开创了佛教临济宗，影响极大。唐代的庐山不仅是中国的佛教宗派——禅宗的重要佛场，还并有净土宗、临济宗、沩仰宗、律宗、曹洞宗等众多佛教宗派。日本的净土宗视庐山东林寺为"祖庭"。到宋代，庐山寺庙多达361座。"庐山到处是浮图"的题咏，正是对庐山千余年来宗教状况的形象概括。

含鄱口 —— 庐山最美的风景之一

公元5世纪，东晋道士陆修静在庐山建简寂观，开创道教南大师派，整理了道教大典《道藏》，观内现存当时中国最早的道藏目录。唐玄宗封庐山道教为"九天使者"，敕建与五岳真君并列的"九天使者庙"，使庐山成为中国道教的重地。宋徽宗又将它更名为"太平宫"，并派任官员，进一步使它成为极负盛名的道观。唐代道士吕洞宾在庐山佛手崖的活动，导致了道教与佛教争占庐山800余年的史事。明清以后，伊斯兰教、基督教、天主教也在庐山建堂传教。经过1600年的发展，庐山已形成一山兼聚五教的罕见现象。至今，庐山仍存有佛教、道教、伊斯兰教、基督教、天主教等五大宗教的建筑。

庐山有中国最早的书院——白鹿洞书院。它初创于940年，因朱熹重建扩充，在此开坛设讲、弘扬理学，成为海内第一书院。宋代理学大师朱熹在此提出的教育思想成为中国古代教育的准则，在世界教育史上也有重要影响。

8世纪，茶圣陆羽将庐山谷帘泉评为"天下第一泉"，将招隐泉

庐山观云亭

评为"天下第六泉"。1014年，庐山便有了单孔石拱桥——观音桥，至今保存完好，并被列为全国重点文物保护单位。16世纪后，药物学家李时珍、旅行家徐霞客等人先后登上庐山进行科学考察。近代地质学家李四光在庐山首先发现了第四纪冰川，从而创立了中国第四纪冰川学说。中国植物学奠基人之一的胡先骕也曾深入庐山研究当地的植物，建立了中国第一座植物园——庐山植物园。

民国政府还一度将庐山作为"夏都"，蒋介石曾于1937年在庐山发表过有关抗日战争的重要谈话。中华人民共和国成立后，毛泽东三次登上庐山，主持召开了世人瞩目的1959年、1961年、1970年的中共中央会议，会上均有关于党内的若干重大决定，对国内的政治形

势产生了重大的影响。

庐山的别墅群，始建于19世纪下半叶，均采用欧洲、美洲民间建筑风格建成。依山就势，在幽谷之侧、溪涧之畔、峭岩之旁，营造了一栋栋别墅，牯岭俨然成为了一个万国别墅博览会。至今牯岭仍保留着美、英、法、德、俄、芬兰、荷兰、奥地利、意大利等20多个国家风格不同的别墅共600余栋。国民党时期的许多文武官员在庐山都有别墅，其中当属蒋介石夫妇的"美庐"别墅最具有特色。这些风格各异的建筑，至今依然风采如故。它

横空而出的龙首尾

们与大自然和谐相融，造型别致幽雅，风格异彩纷呈。在庐山别墅中可以看出西方建筑美学思想的文化印痕。这些别墅能让你欣赏到券廊式、巴洛式、折中主义、哥特式等多种建筑形式。在中国的名山中，唯有庐山才有这样大规模的"世界村"。庐山是首批国家重点风景名胜区，1991年荣获"中国旅游胜地四十佳"称号。1996年12月庐山被联合国教科文组织作为文化景观列入《世界遗产名录》。

4.风景区的自然遗产

庐山地处江南台背斜与下杨子坳隐的交接带，区内地层除三叠纪外均有系统的出露，构造明显，展现出地壳演化的主要过程。

庐山具有独特的第四纪冰川遗迹，是中国第四纪冰川学说的诞生地。山麓鄱阳湖滨遗留着末次冰期时由古季风环流产生的独特的风沙丘群。

本区地质构造复杂，形迹明显。主要有北东向华夏式构造和北北东向新华夏式构造。许许多多的断裂构造，形成众多的山峰。庐山是第四纪强烈上升的断块山，当庐山上升

之际、周围相对下陷，鄱阳盆地进一步发展，继而形成鄱阳湖。

北部以褶曲构造为主要特征，形成一系列秀丽的岭谷地貌，南部和西北部则由一系列的断层崖，形成雄伟高峻的五老峰、秀峰、石门涧。山地中分布着宽谷和峡谷，外围则发育着阶地和谷阶。山上和山麓地带都存在着古地面。在庐山与长江的交接地带，鄱阳湖的形成与扩张，塑造出一系列独特的湖滨地貌。与之相连，长江九江河段的地貌演变，湖洲交错的鄱阳湖大平原，形成了多种地貌的汇集，表现出极高的地理地质科学价值与旅游观赏价值。庐山众多的奇峰、怪石、壑谷、瀑泉岩洞等，形成了奇特瑰丽的山岳景观。

云雾频繁，夏季凉爽，是庐山

冬天的庐山雪景

气象的显著特征；土壤呈垂直分布现象；植物显示出中国第三纪植被组成的特点；昆虫形成了庐山特有的种群。

5.世界遗产委员会评价

江西庐山是中华文明的发祥地之一。这里的佛教和道教庙观，代表理学观念的白鹿洞书院，以其独特的方式融汇在具有突出价值的自然美之中，形成了具有极高美学价值的、与中华民族精神和文化生活紧密联系的文化景观。

二、江西三清山

1.遗产简介

三清山是国家重点风景名胜区，位于江西省东北部上饶市境内，因玉京、玉虚、玉华三座山峰拔地摩天，宛如道家玉清、上清、太清三神列坐其巅而得名。三清山总面积756.6平方千米，其中主峰玉京峰海拔1819.9米，更有2373种高等植物、1728种野生动物，构成了东亚最具生物多样性的环境。1600余年的道教历史孕育了丰厚的道教文化内涵，按八卦布局的三清宫古建筑群。被国务院文物考证专家组评价为"中国古代道教建筑的露天博物馆"。

三清山东险西奇、北秀南绝，有九大景区和十大美景，九大景区包括：玉灵观、石鼓岭、三洞口、西华台、三清宫、玉京峰、西海岸、万寿园、南清园；十大美景分别为：蒲牢鸣天、三龙出海、葛洪献丹、观音赏曲、老道拜月、玉女开怀、猴王献宝、巨蟒出山、万笏朝天、女神峰。四季景色绮丽，又有独特的花岗石与山峰，远近交错融合，犹如"鬼斧神工"造就，古有"天下无双福地，江南第一仙峰"之称，给人一种震撼之美。美国国家公园基金会主席保罗先生慕名来到三清山后，惊叹道"三清山是世界上为数极少的精品之一，是全人类的瑰宝"；《中国国家地理》杂志推选其为"中国最美的五大峰林"之一；中美地质学家一致认为它是"西太平洋边缘最美丽的花岗岩"。

三清山1985年被定为江西省省级风景名胜区。1988年8月经国务院批准为国家重点风景名胜区。2000年7月三清山被评为全国文明旅游风景区。2001年6月三清山荣膺国家4A级旅游景区。2001年8月三清山被评为全国爱国主义教育示范基地。

2.列入世界遗产的原因

一是代表地球历史的重要阶段，包括生命记录、地形演变过程中所进行的重要过程或具有地貌或地形特征的突出范例。

三清山地区是一处罕见的花岗岩地质地貌自然遗产地，中生代花岗岩演化序列完整，时代由早至晚，成因类型由I型→S型→A型，时空演化规律特征清楚。花岗岩微地貌类型多、造型美、保存好，地貌形成演化过程主要阶段的标型特征典型、出露系统完整。三清山地区保存了中—新元古代华南洋、新元古代古板块碰撞遗迹以及中生代早期陆内A型俯冲造山和晚期陆内伸展遭山成盆重要地质事件的踪迹，特别是系统记录了中新生代以来的花岗岩地质地貌及68属植物洲际间断分布类型的发展历史，是揭示地球演化过程重要阶段历史及事件的一个突出范例。

二是代表植物和动物种群发展

的突出范例。

三清山保存有华东黄杉、南方铁杉、中国鹅掌楸等中生代至第三纪（古近纪—新近纪）残遗的珍稀濒危物种，是第四纪冰期东亚重要的"生物避难所"。特别是与北美花旗杉相对应的华东黄杉，在三清山有成林面积533万平方米，集中连片面积达160万平方米，居华东地区之首，并伴有大面积的南方铁杉分布，实属世界罕见。与北美鹅掌楸相对应的中国鹅掌楸在这里成片分布。三清山分布的植物中，有东亚—北美洲际间断分布类型属68属，占中国这一类型属数的58.1%。因此，三清山是植物物种东亚—北美洲际间断分布类型的突出范例，是研究植物类群发育的重要地域，也是研究较大规模时空尺度上的物种发育、物种进化和森林生态过程的一个"天然实验室"，还为古地质、古地理、古气候的变迁提供了强有力的佐证。

此外，三清山还分布有南方红豆杉、白豆杉、黄腹角雉、白颈长尾雉、黑麂等珍稀濒危物种。

三是具有最显著的自然现象或具有特殊的天然美景观，在美学方面具有重要意义。三清山所辖地理区域内所含景观资源类型具有至高丰富度，包括五大景观类型，100余个景点，384个景物景观。如此高密度集中且品质优异的景观资源，使三清山成为一座天成的自然景观展示馆。

三清山以花岗岩微地貌景观所构成的景观资源品质具有罕见奇特度。尤其是以峰林和造型石为主体及其代表的景观景象，体现了无与伦比的典型性与珍稀性，具有极高的美学价值。

3.遗产文化

三清山古代建筑：三清山有"露天道教博物馆"之称，景区内保存着大批道教古建筑群，布局构思精妙，多样统一，是我国保存比较完善的一批珍贵文物。全山的古建筑，共有230多处，以道家太极八卦图的模式修建，有条不紊。其中三清宫为一个中心，代表"无极"，前后两殿象征阴阳二极（太极），围绕着这个中心的各部景点建筑物向四面八方辐射，好似"八卦"。建筑与自然景观巧妙相互融合、相互因借、相辅相成、融为一体，突出地体现了道家的宇宙观。

不仅从总体布局上体现了道家的宇宙观，在每一景物的设计上，也充分体现了道家"有无相生"的"变易"法则。风门、逍遥路、众妙千步门、冲虚百步门等，往往于迂回曲折处豁然开朗，于山穷水尽处柳暗花明。在造型艺术上，也渗透着道家"动与静、虚与实、巧与拙、藏与露"的朴素辩证法。

三清古道：三清山有许多古人依山势而修建的游步道，有些就是直接在山石上开凿出来的。这些古道历经了千百年的风霜，已经布满苔藓，斑驳的石板也早已被磨得光亮。在三清山西部八祭一带、北部汾水这些未开发的原始丛林、山谷中，也有许多世人罕有问津的古道。这些古道更具有原始野味。多年以来，只有采药的山民敢走这些古道，因为茂密的原始丛林掩映着这些古道，很难辨别方向，稍不留神就会迷失方向。但是这些古道却是三清山最纯正的原始宝藏。

摩崖石刻：三清山摩崖石刻大部分刻于宋代以前，内容多以景点名称为主，除此之外还有很多具有道家特色的短句词汇。例如："清静常矣""清风""登殿步虚升太虚之上无上，入门求道悟真道玄之又玄""殿开白昼风来扫；门到黄昏云自封"等，细细品味，终有所得。除了古代遗留至今的石刻，今人诸多名流也在三清山留下了不少墨宝。如吴官正的"造物情意浓"、沈鹏的"三清山"、舒同的"三清山"、钱君匋的"江南第一仙峰、天下无双福地"、刘艺的"巨蟒出山"、佟韦的"道法自然"、邹德忠的"秀绝江南"等。内容大多是对三清山的赞誉之辞，体现了三清山的景观特征和三清山在华夏名山中的独特地位。

4.世界遗产委员会评价

在三清山风景名胜区范围内展示了独特花岗岩石柱与山峰，丰富的花岗岩造型石与多种植被、远近变化的景观及震撼人心的气候奇观相结合，创造了世界上独一无二的景观美学效果，呈现了引人入胜的自然美。

第四章

◉ ◉ ◉

福建省的文化与自然遗产

◉ ◉ ◉ ◉ ◉ ◉ ◉ ◉ ◉ ◉ ◉

一、武夷山

1.遗产简介

武夷山位于中国福建省西北的武夷山市南郊，总面积达99975万平方米，东西长22千米，方圆570平方千米。它是全人类与自然环境和谐关系的突出例证。武夷山的自然风光独树一帜，尤其以"丹霞地貌"著称于世。九曲溪沿岸的奇峰和峭壁，映衬着清澈的河水，构成一幅奇妙秀美的杰出景观。

武夷山自然保护区是地球同纬度带现存面积最大、保存最完整的中亚热带森林生态系统。森林覆盖率为95.3%。区内植被良好，为各种动植物的生存繁衍提供了优越的

生态环境，被喻为"昆虫世界""鸟的王国""蛇的王国""世界生物之窗"和"天然植物园"。

自然保护区内雨量充沛，气候温暖湿润，有近4000多种植物。主要森林植被类型有：常绿阔叶林、针阔叶过渡林、常绿落叶阔叶混交林、针叶林、中山矮曲林、中山草甸、竹林等11个植被类型，共有57个群系170个群丛组。其中列入国家重点保护的珍稀树种有银杏、水松、南方铁杉、钟萼木、鹅掌楸、香果树、银钟树、观光木等19种。还有紫楠、香花木、武夷四照花以及武夷玉山竹、崇安唐竹等数十种珍稀物种或武夷特有物种。这些珍稀植物在研究植物进化史方面，

具有很高的价值。此外，在保护区内，还保存着200平方千米原始类型的森林，有30类群系，100多个群落。

自然保护区内已知脊椎动物有475种，其中哺乳纲8目23科31种，鸟纲18目47科73种，两栖纲2目10科35种，鱼纲4目12科40种。国家重点保护野生动物57种，其中国家一级保护动物9种，二级保护动物48种。

武夷山是座历史悠久的文化名山，集道、佛、儒教于一身。

早在新石器时期，古越人就已在此繁衍生息。自秦汉以来，为历代朝廷所推崇，唐时封为名山大川，道书上谓之"第十六洞天"，宋又称"道南理窟"。羽流禅家择其为憩息之地，共留下278处宫观、道院和庵堂故址。武夷山还曾是儒家学者倡道讲学之地，陈朝顾野王首创武夷讲学之风，宋代学者杨时、胡安国和朱熹等都先后在此聚徒讲学。朱熹曾在此生活、讲学40余载，在此创办了"武夷精舍"，聚徒讲学，著书立说，使武夷山成为"朱子理学"的摇篮，成

为当时东南文化学术中心。清朝康熙二十六年（1687年），康熙皇帝御书"学达性天"颂赐宋儒朱熹，匾额悬挂于朱熹亲手创建的武夷精舍。故后人称武夷山为"三朝理学驻足之薮"。作为一种学说，朱子理学曾在东亚和东南亚国家中占据统治地位，并在哲学和政治方面影响了世界上很大一部分地区。这里还有令今人惊叹的商周架壑船棺、规模宏大的殿堂、市井的城村、闽越汉城遗址、紫阳书院遗址、宋遇林亭窑址、万年宫旧址、元代皇家御茶园、明末清初农民起义军山寨、下梅清代建筑群、永乐禅寺、桃源洞道观、止止庵以及400多处名人摩崖石刻等历代遗留下来的文

隐屏峰具有最好的原始森林植被

物古迹，加之脍炙人口的武夷山民间传说，一起构成丰富而神秘的武夷人文景观，为研究武夷山提供了珍贵的资料。

相传，唐尧时代的长寿老翁彭祖携二子茹芝饮瀑，隐于此山，其长子曰"武"，次子曰"夷"，二人开山挖河，后人为纪念他们，就把此山称为"武夷山"。后来连闽赣边界的大山脉也统称为"武夷山脉"。亦传，此地原居住有古代闽越族人，其首领名"武夷君"，故此山为古越人的生息之地而得名。

武夷山风景区在福建武夷山市南郊，武夷山脉北段东南麓，全区呈长条形，东西宽约5千米，南北长约14千米，面积70平方千米，平均海拔350米。武夷山是由红色沙砾岩组成的低山丘陵，属丹霞地貌，素有"碧水丹山"之美称。由于地壳运动，地貌发生变化，构成了山峰挺拔奇秀，碧水绕山萦回的武夷美景。峰峦岩壑，秀拔奇伟，清溪九曲，环流其间，千姿百态，享有"奇秀甲东南"之美称。碧水丹山之中，有"三三"九曲水，"六六"三十六峰以及七十二川，

九十九岩，一百零八景点。景区以九曲溪为主线，主要有天游峰（云窝）、武夷宫、桃源洞、天心、水帘洞、一线天、虎啸岩、鹰嘴岩等游览区。

深邃美丽的九曲溪是武夷山风景区内最大、最重要的一条溪流，它在塑造武夷山自然景观中起着独特而又十分关键的作用。九溪发源于三港自然保护区内的武夷山脉桐木关西北角，自西向东流，经武夷宫晴川注入崇阳溪。全长60千米，流经景区一段长约9.5千米，流域面积535.3平方千米。森林植被好，雨量丰沛，故九曲溪是一条丰水河道。曲溪为山区性河流，河床坡度大，流水侵蚀强烈，为典型的幼年期河流。上游谷地两侧山地海拔在1500米左右，个别达2000米，谷底海拔400米～800米，为中山或低山峡谷。中游为宽谷盆地。

星村以下九曲溪深切武夷单斜断块山，塑造出了碧水丹山的绮丽景色。

武夷山邻近北回归线，属于亚热带湿润季风气候区，年平均气温为17.9℃。夏无酷暑，冬无严寒。

温暖湿润的气候为武夷山植物生长提供了优越的自然条件。因此，武夷山中竹林茂密，花草繁盛，鸟语花香，四季如春。随着时序的流转，山光水色会给人以不同的情趣：早春，山青水绿，野花红艳，山间充溢着花木的幽香，更见得山水含情，明媚动人；入夏，林木交阴，处处流水潺潺，凉风习习，堪称避暑胜地；秋来，天高气爽，满山丹枫如染，茶花盛开，令人心旷神怡；冬至，山寒映日，松翠不凋，又是一种风情。至于阴晴朝暮，风烟雨雪，山川景色更是变幻莫测，瑰丽动人。

优越的自然环境得天独厚，历代名儒显宦，骚人词客，纷至沓来，探幽寻胜，择地讲学，唐宋以来在山中建筑的寺院宫观、楼台亭阁多达300多处。沿溪至今还保留了许多大幅摩崖石刻。位于五曲的紫阳书院是重要的文化遗址，影响遍及全国。

武夷山是一处被保存了超过12个世纪的景观。它拥有一系列优秀的考古遗址和遗迹，包括建于公元前1世纪的汉城遗址、大量的寺

松翠环绕的幔亭峰

庙和与公元11世纪产生的"朱子理学"相关的书院遗址。这里也是中国古代朱子理学的摇篮。

2.自然和文化遗产

武夷山申报世界文化与自然遗产的区域总面积为999.75平方千米，其中核心区面积635.75平方千米；核心次区面积364平方千米；缓冲区面积278.88平方千米。包括武夷山风景名胜区、武夷山自然保护区、武夷山古汉城遗址和九曲溪上游保护地带四部分。

武夷山申报世界文化与自然遗产的内容如下：

文化遗产

架壑船棺，距今3750余年，在目前国内外发现的悬棺遗址中年

代最早；古汉城遗址，西汉闽越国时期的王城，面积达22万平方米；"朱子理学"文化，构成中国宋至清代处于统治地位的思想理论，影响远及东亚、东南亚；摩崖石刻，现存426幅，由宋至清，是武夷山古文化和古书法艺术的宝库；古崖居遗构；茶文化；宗教文化；馀庆桥。

自然遗产

"三三秀水清如玉"的九曲溪，与"六六奇峰翠插天"的三十六峰、九十九岩的绝妙结合，它异于一般自然山水而成为以奇秀深幽为特征的巧而精的天然山水园林；世界生物多样性保护的关键地区，具有世界同纬度带现存最典型、面积最大、保存最完整的亚热带原生性森林生态系统；丰富的野生动物资源；世界昆虫种类最丰富地区。

丹霞地貌

主要发育于侏罗纪至第三纪的水平或缓倾的红色地层中。红色砂岩经长期风化剥离和流水侵蚀，形成孤立的山峰和陡峭的奇岩怪石，造就了武夷山优美的自然风光。"三三秀水清如玉"的九曲溪景观画面由一条九曲溪盘绕贯穿。游人凭借一张竹筏顺流而下，即可阅尽武夷秀色，此乃武夷山景观的精华，堪称世界一绝。

动植物资源

武夷山具有世界同纬度带现存最典型、面积最大、保存最完整的亚热带原生性森林系统。据最新的调查统计，保护区内已查明的高等植物有269科1040属3728种，其中苔藓植物267属361种，蕨类植物40科85属280种，种子植物171科840属2237种，低等植物840种。植物学家们推断，保护区内还有相当一部分物种未被人们所发现定名。境内的武夷山景区及自然保护区，由于地形气候条件优越，为野生动物栖息、繁衍提供了良好条件，以"世界生物之窗"闻名于世。目前已知的动物类有5110种，已列入国际《濒危野生动植物物种国际贸易公约》的动物有48种。此外，还有大量稀有特有的动物种类，如崇安髭蟾、武夷湍蛙、挂墩后援蛇、白眉山鹧鸪、武夷厚唇鱼等。还有许多特有罕见动物，如草鸮（猴面鸟）、猪尾鼠、拉氏鼹、白蝙蝠

生机勃勃的武夷山

等。近年发现的金斑喙凤蝶为世界蝶类中的珍品。武夷山保护区已发现的鸟类有256种，是世界上鸟类资源最丰富的地区之一。其中有新种及新亚种35种。武夷山鸟类中有国家一级保护的黄腹角雉、中华秋沙鸭，国家二级保护的白鹇、草鸮等，还有鹰、雕、隼、鸽等猛禽和挂墩鸦雀等武夷山特有物种。据专家估计，武夷山保护区的昆虫可达2万种以上，相当于我国目前已发现的昆虫总数。据分析，绝大多数是对生物有益的益虫，昆虫中害虫不超过2%，而且对于害虫均可利用天敌进行防治。武夷山保护区的森林从未出现病虫害，昆虫的作用功不可没。

3.世界遗产委员会评价

武夷山脉是中国东南部最负盛名的生物保护区，也是许多古代孑遗生物的避难所，其中许多生物为中国所特有。九曲溪两岸峡谷秀美，寺院庙宇众多，但其中也有不少早已成为废墟。该地区为唐宋理学的发展和传播提供了良好的地理环境。自11世纪以来，理教对中国东部地区的文化产生了相当深刻的影响。公元1世纪时，汉朝统治者在城村附近建立了一处较大的行政首府，厚重坚实的围墙环绕四周，极具考古价值。

二、福建土楼

1.遗产简介

福建土楼建筑群，始建于宋朝，发展于明代早期和中期，明末至清代逐渐步入成熟，一直延续至今。其包括福建省永定县的高北土楼群、洪坑土楼群、初溪土楼群和衍香楼、振福楼，南靖县的田螺坑土楼群、河坑土楼群和和贵楼、怀远楼，华安县的大地土楼群，主要分布在福建西部和南部崇山峻岭中，建筑风格多样，除多见的圆形土楼，还有方形土楼、交椅形土楼等，覆盖了完整的土楼群建筑样式。

20世纪80年代，福建漳州市南靖县、龙岩市永定县的土楼被美国人误以为是蘑菇状的核武设备，殊不知这大型夯土民居建筑群早在第一枚原子弹蘑菇云腾云驾雾之前，就已经在闽西南一块600多平方千米的土地上矗立了数个世纪了。

中国的"福建土楼"，于2008年7月6日在加拿大魁北克城举行的第32届世界遗产大会上，被正式列入《世界遗产名录》。

2.列入《世界文化遗产名录》的原因

福建土楼是东方文明的一颗明珠，它以历史悠久、种类繁多、规模宏大、结构奇巧、功能齐全、内涵丰富著称，具有极高的历史、艺术和科学价值，被誉为"东方古城堡""世界建筑奇葩""世界上独一无二的、神话般的山区建筑模式"。

风格奇异的土楼民宅散布在闽西的永定、武平、上杭及闽西南的南靖、平和、华安、漳浦等地。其造型、装饰和建造工艺世所罕见。因其大多数为福建客家人所建，故

又称"客家土楼"。它是以生土作为主要建筑材料，掺上细沙、石灰、糯米饭、红糖、竹片、木条等，经过反复揉、舂、压建造而成。楼顶覆以火烧瓦盖，经久不损。土楼高可达四五层，供三代或四代人同楼聚居。

成为世界文化遗产的46座福建土楼由六群四楼组成，包括福建省永定县的初溪土楼群、洪坑土楼群、南靖县的田螺坑土楼群、河坑土楼群、华安县的大地土楼群等，主要分布在福建西部和南部崇山峻岭中，以其独特的建筑风格和悠久的历史文化著称于世。不单是最常见的圆形土楼，还包括了方形土楼、交椅形土楼等，覆盖了完整的土楼群建筑样式。

福建土楼是世界上独一无二的山区大型夯土民居建筑、创造性的生土建筑艺术杰作。福建土楼产生于宋元，成熟于明末、清代和民国时期。世遗土楼中最古老和最年轻的均在初溪土楼群，直径66米的集庆楼已届600"高龄"，直径31米的善庆楼则仅有30年历史。

福建土楼的形成与历史上中原

汉人几次著名的大迁徙相关。西晋永嘉年间，即公元4世纪，北方战祸频繁，天灾肆虐，当地民众大举南迁，拉开了千百年来中原汉人不断举族迁徙入闽的序幕。进入闽南的中原移民与当地居民相互融合，形成了以闽南话为特征的福佬民系；辗转迁徙后经江西赣州进入闽西山区的中原汉人则构成福建另一支重要民系——以客家话为特征的客家民系。

福建土楼所在的闽西南山区，正是福佬与客家民系的交汇处，地势险峻，人烟稀少，一度野兽出没，盗匪四起。聚族而居既是根深蒂固的中原儒家传统观念要求，更是聚集力量、共御外敌的现实需要使然。福建土楼依山就势，布局合理，吸收了中国传统建筑规划的"风水"理念，适应聚族而居的生活和防御的要求，巧妙地利用了山间狭小的平地和当地的生土、木材、鹅卵石等建筑材料，是一种自成体系，具有节约、坚固、防御性强等特点，又极富美感的生土高层建筑类型。这些独一无二的山区民居建筑，将源远流长的生土夯筑技术推向极致。

史料记载，一次震级测定为7级的地震使永定环极楼墙体震裂20厘米，然而它却能自行复合。这足见土楼的坚韧。

"土楼是原始的生态型的绿色建筑。"土楼冬暖夏凉，就地取材，循环利用，以最原始的形态全面体现了人们今天所追求的绿色建筑的"最新理念与最高境界"，"建造新一代绿色土楼，应该引起高度重视。"

聚族而居的福建土楼是个丰富多彩的小社会。永定承启楼拥有384个房间，最多时曾住过800多人。"土楼对建设和谐社会最有用。"住在土楼里，有事情大家会互相帮忙，邻里和睦。"孩子孝不孝，会有口碑，好的学习，坏的批评，起到教育约束的作用。"

福建土楼多具完善的防御功能，其外墙厚1米~2米，一二层不开窗，仅坚固大门一关，土楼便成坚不可摧的堡垒。为防火攻，门上设有漏水漏沙装置，紧急时楼内居民还可从地下暗道逃出。如今，土楼早已不再是堡垒，但那些完备而精致的防御设施，仍让人们拍案惊奇。

厚重的福建土楼，承载着厚重的传统文化。发人深省的楹联匾额，与楼共存的私塾学堂，教化育人的壁画彩绘，无不激荡着历朝历代土楼人家"修身齐家"的理想和"止于至善"的追求。振成楼有副名联备受称道：振作哪有闲时，少时壮时老年时，时时须努力；成名原非易事，家事国事天下事，事事要关心。

3.遗产描述

（1）土楼的布局。

永定客家土楼布局合理，与黄河流域的古代民居建筑极为相似。从外部环境来看，注重选择向阳避风、临水近路的地方作为楼址，以利于生活、生产。楼址大多坐北朝南，左有流水，右有道路，前有池塘，后有丘陵；楼址忌逆势，忌坐南朝北，忌前高后低，忌正对山坑（以免冲射）；楼址后山较高，则楼建得高一些或离山稍远一些，既可避风防潮，又能使楼、山配置和谐。既依据上述三个方面选择楼址，又善于利用斜坡、台地等特殊地段构筑形式多样的土楼，乃至发展为参差错落、层次分明、蔚为壮观、颇具山区建筑特色的土楼群，有如永定古竹、初溪土楼群。这些讲究，无疑与地质地理学、生态学、景观学、建筑学、伦理学、美学都有密切关系，换言之，与中原传统文化有密切关系。

从土楼建筑本身来看，永定客家土楼的布局绝大多数具备以下三个特点：

轴线鲜明，殿堂式围屋、五凤楼、府第式方楼、方形楼等尤为突出。厅堂、主楼、大门都建在中轴线上，横屋和附属建筑分布在左右两侧，整体两边对称极为严格。圆楼亦相同，大门、中心大厅、后厅都置于中轴线上。

厅堂为核心。楼楼有厅堂，且有主厅。以厅堂为中心组织院落，以院落为中心进行群体组合。即使是圆楼，主厅的位置亦十分突出。

道贯通全楼，可谓四通八达。但类似集庆楼这样的小单元式、各户自成一体、互不相通的土楼在永定乃至客家地区为数极个别。

（2）土楼分类。

土楼若依形状分，约可分为

圆楼、方楼、五凤楼。另外还有变形的凹字形、半圆形与八卦形。其中，以圆楼与方楼最常见，也常常两形状并存。长达数千平方米面积且聚族而居的圆楼与方楼以简单几何形建筑构筑于山岭狭谷之间，人造建物与周遭翠青自然景观形成强烈对比。20世纪80年，中国经济开放后，以圆土楼与方土楼为主的闽南及广东土楼景观引起世界各国旅游业的注目。

圆楼

圆楼为圆形的土楼，又名"圆寨土楼""福建圆楼"或"客家围屋"。其用途重于防卫，因此该名称有嵌"寨"之名。虽然该形状的土楼不是最多，但是面积通常最为庞大，面积最大者甚至可达72开间以上。

通常，圆楼的底层为餐室、厨房，第二层为仓库，三层楼以上的才为住家卧房。其中每一个小家庭或个人的房间都是独立的，而以一圈圈的公用走廊连系各个房间。这些设计，通常也是着重防御功能。

方楼

方楼在土楼中最为普及。该建筑物类型的特征，是先夯筑一正方形或接近正方形的高大围墙，再沿此墙扩展该楼其他建物。而扩建的制式规格通常是敞开的天井与天井周围的回廊。这些相同建造样式的楼层堆积起来，最高甚至可达6层楼。最后使用木制地板与木造栋梁，加上瓦片屋顶，即成为土楼中最普遍的方楼。

五凤楼

湖坑镇的"福裕楼"即是一座典型的五凤楼。五凤楼又名"大夫第""府第式""宫殿式"或"笔架楼"。其名虽同，但有些差距。以两厢房、一门楼等细部构造组成的该土楼类型，其特色是从外观看去通常为三凹两凸，彷佛中国古时的笔架。五凤楼主要分布于闽西各县与漳州。

其他

除了圆楼、方楼与五凤楼之外。以形状分类的土楼尚有凹字形、半圆形与八卦形等种类。凹字形土楼主要分布于闽南南靖、诏安，半圆形分布于平和与永定，而八卦型的土楼则偶见于永定、漳浦、华安、诏安、南靖和中国广东东部。其中全中国最大的八卦土楼则为道韵楼。

4.承启楼——土楼之王

承启楼位于高头乡高北村，据传从明崇祯年间破土奠基，至清康熙年间竣工，历世三代，阅时半个世纪，其规模巨大，造型奇特，古色古香，充满浓郁的乡土气息。"高四层，楼四圈，上上下下四百间；圆中圆，圈套圈，历经沧桑三百年"，这是对该楼的生动写照。

1986年，我国邮电部发行了一组中国民居系列邮票，其中福建民居邮票就是以承启楼为图案，该邮票在日本被评为当年最佳邮票。

5.遗经楼——最大的方楼

遗经楼为方形土楼，位于高陂镇上洋村，建于清咸丰元年（1851年）。共有房间267间，51个大小厅堂，建筑面积4000余平方米，整个建筑布局规整，条理井然，费时70多年，经三代人努力方建成，是目前所知方形土楼中最为庞大的。当地人用一个有意思的说法来形容其的"大"：一个人从太阳升起即开始开窗，开到中午下楼吃饭，然后上楼关窗，直到太阳下山才关完最后一扇窗。

6.世界遗产委员会评价

世界上独一无二的集居住和防御功能于一体的山区民居建筑的福建土楼，体现了聚族而居的根深蒂固的中原儒家传统观念，更体现了聚集力量、共御外敌的现实需要。同时，土楼与山水交融、与天地参合，是人类民居的杰出典范。

第五章

◉ ◉ ◉

河南省的文化与自然遗产

◉ ◉ ◉ ◉ ◉ ◉ ◉ ◉ ◉ ◉ ◉

一、龙门石窟

1.龙门石窟简介

龙门石窟位于中国中部的河南省洛阳市南郊12.5千米处，龙门峡谷东西两崖的峭壁间。因为这里东、西两山对峙，伊河水从中流过，看上去宛若门阙，所以又被称为"伊阙"，唐代以后，多称其为"龙门"。这里地处交通要冲，山清水秀，气候宜人，是文人墨客的观游胜地。又因为龙门石窟所在的岩体石质优良，宜于雕刻，所以古人选择此处开凿石窟。

龙门石窟与甘肃敦煌莫高窟、山西大同云冈石窟并称为"中国三大石刻艺术宝库"。石窟始凿于北

魏孝文帝时（471～477年），历经400余年才建成，迄今已有1500年的历史。

龙门石窟南北长约1000米，据龙门石窟研究所统计：东西两山现存石窟1300多个，窟龛2345个，碑刻题记3600余块，佛塔50余座，造像9700万余尊。其中北魏石窟占30%，唐代约占60%，其他时代窟龛约占10%。在龙门石窟中，北魏时期的洞窟具有代表性的是古阳洞、宾阳中洞、莲花洞等。隋代洞窟的代表是宾阳南洞。唐代具有代表性的洞窟有：潜溪寺、宾阳北洞、万佛洞、奉先寺等。

龙门石窟造像既是历代劳动人民和艺术家无穷智慧和血汗的结

晶，又是外来文化和我国文化结合的结果。当时的那些雕刻匠师们既承担着为神佛和帝王造像的使命，却又能大胆地突破宗教和礼教的"仪轨"束缚，在雕刻过程中融进了大量的现实生活景象。造像生动地表现出了各种人物的形象和表情，如喜悦、慈祥、威严、矜持、苦痛，以至作为至高无量主宰的佛之庄严肃穆、胁侍人和供养人的虔诚宁静，无一不是艺术家们对现实的"人"的深刻观察，运用现实主义和浪漫主义相结合的表现手法，加以高度概括集中的结果。真可谓是在雕刻艺术上将佛祖和人表现得惟妙惟肖，栩栩如生。而构思布局的完整，气势的贯注，整体的坚实有力，性格变化的多样，面部表情的生动逼真，衣纹线条的流畅优美等等，更是在千百年艺术传统的基础上，大量借鉴外来文化，在技法、风格上精心创造、大量创新、突破传统、刻意经营。

宾阳中洞是北魏时期（386~534年）的代表性作品。这个洞窟前后用了24年才建成，是开凿时间最长的一个洞窟。洞内有11尊大佛像，主像释迦牟尼像，面部清秀，神情自然，堪称北魏中期石雕艺术的杰作。主像座前刻有两只姿态雄健的石狮，左右侍立二弟子、二菩萨，菩萨像含笑凝眸，温柔敦厚。洞中还雕刻着众菩萨、弟子听法的浮雕像，栩栩如生。窟顶飞天仙子的刻画也十分传神。

奉先寺是龙门石窟中最大的一个窟，代表了唐代石刻艺术的风格。它长宽各30余米。整个奉先寺的雕塑群是一个完美的艺术整体，其中的卢舍那雕像更是一件精美绝伦的艺术杰作。卢舍那佛像总高约17米，丰腴典雅，栩栩如生。她那智慧的双眼，稍稍俯视，目光正好与朝拜者仰视的目光交会，令人产生心灵上的震撼，具有无穷的艺术魅力。

古阳洞是龙门石窟中开凿最早、内容最丰富的一座，也是北魏时期的另一代表洞窟。古阳洞中有很多佛龛造像，这些佛龛造像多有题记，记录了当时造像者的姓名、造像年月及缘由，这些都是研究北魏书法和雕刻艺术的珍贵资料。中国书法史上的里程碑"龙门二十品"，大部分集中在这里。"龙门二十品"代表了魏碑体，字体端正大方，气势刚健有力，是龙门石窟碑刻书法艺术的精华，历来为世人所推崇。龙门石窟虽然是佛教文化的艺术表现，但它也折射出了当时的政治、经济和社会文化时尚。石窟中至今仍然保留着大量的宗教、美术、建筑、书法、音乐、服饰、医药等方面的实物资料，因此它堪称一座大型石刻艺术博物馆。

正如专家们对龙门石窟的评价所说："中国的黄河流域文明，是东西相距400千米的西安与洛阳为主轴的。洛阳为六朝古都，皇室在这里对佛教及佛教造像的参与及影响，直接影响着龙门石窟的开凿、演化、兴旺及衰落。龙门石窟

龙门石窟佛像

开凿于南北朝，兴旺于唐朝，由于地理、政治特点，使石窟的雕塑带有典型的皇家风范，其造像大而追求气势，佛殿与佛像之美，浑然天成，令人神往。"

1961年，龙门石窟被国务院批准为全国重点文物保护单位。2000年11月，龙门石窟被联合国教科文组织列入《世界文化遗产名录》。

2.被列为文化遗产的原因

（1）中国石窟艺术的"里程碑"。

龙门石窟规模宏大，气势磅礴，窟内造像雕刻精湛，内容题材丰富，被誉为世界最伟大的古典艺术宝库之一。它以自身系统、独到的雕塑艺术语言，揭示了雕塑艺术创作的各种规律和法则。在它之前的石窟艺术均较多地保留了犍陀罗和秣菟罗艺术的成分，而龙门石窟则远承印度石窟艺术，近继云冈石窟风范，与魏晋洛阳和南朝先进深厚的汉族历史文化相融合开凿而成。所以龙门石窟的造像艺术一开始就融入了对本民族审美意识和形式的悟性与强烈追求，使石窟艺术呈现出了中国化、世俗化的趋势，堪称展现中国石窟艺术变革的"里

程碑"。

（2）皇家风范。

龙门石窟是北魏、唐代皇家贵族发愿造像最集中的地方。皇室贵族拥有雄厚的人力、物力条件，他们所主持开凿的石窟必然规模庞大，富丽堂皇，汇集当时石窟艺术的精华，因而龙门石窟是十分具有代表性的。这些洞窟的开凿是皇家意志和行为的体现，具有浓厚的国家宗教色彩，所以龙门石窟的兴衰，不仅反映了中国5世纪～10世纪皇室崇佛信教的盛衰变化，同时从某些侧面也反映出中国历史上一些政治风云的动向和社会经济态势的发展，它的意义是其他石窟所无法比拟的。

（3）龙门二十品。

"龙门二十品"的称号始自清代，所谓"龙门二十品"是指选自龙门石窟中北魏时期的二十方造像题记，其中十九品在古阳洞，一品在慈香窟。"龙门二十品"是北魏时期书法艺术的精华之作，它所展现的书法艺术，是在汉代隶书和晋代隶书的基础上发展演化而来的，字体端庄大方、刚健质朴，既具隶

龙门石窟中的万佛洞

书格调，又有楷书因素，是"魏碑"体的代表，在中国书法艺术发展史上具有极为崇高的地位。

3.世界遗产委员会评价

龙门地区的石窟和佛龛展现了中国北魏晚期至唐代期间（493～907年），最具规模和最为优秀的造型艺术。这些翔实描述佛教题材的艺术作品，代表了中国石刻艺术的最高峰。

二、安阳殷墟

1.遗产介绍

殷墟是商王朝的都城，是商王处理政务和居住的场所，是我国第一个有文献记载并为甲骨文和考古发掘所证实的都城遗址。自1928年开始挖掘，一直由中国学术机构独

立主持。

殷墟遗址位于安阳市洹河南岸的小屯村、花园庄一带,占地超过36平方千米,以宫殿宗庙遗址、王陵遗址为中心。先后发现了110多座商代宫殿宗庙建筑基址、12座王陵大墓、洹北商城遗址、2500多座祭祀坑和众多的族邑聚落遗址、家族墓地群、手工业作坊遗址、甲骨窖穴等,出土了数量惊人的甲骨文、青铜器、玉器、陶器、骨器等精美文物。其中宫殿宗庙建筑大多坐落于厚实的高大夯土台基上。建筑材料以黄土、木料为主,房基置柱础,房架多用木柱支撑,墙用夯土版筑,屋顶覆以茅草,建筑风格极具中国宫室特色,庄重肃穆、质朴典雅,代表了中国古代早期宫殿建筑的先进水平。

2.列入《世界文化遗产名录》的原因

(1)殷墟是一个王国的缩影。

殷墟是中国商代晚期的都城遗址,横跨安阳洹河南北两岸,现存有宫殿宗庙区、王陵区和众多族邑聚落遗址、家族墓地群、甲骨窖穴、铸铜遗址、制玉作坊、制骨作坊等众多遗迹,是中国历史上第一个有文献可考,并为甲骨文和考古发掘所证实的古代都城遗址,距今已有3300年的历史。

说起殷墟的价值,中国社会科学院考古研究所所长刘庆柱说:"作为文化遗产,有一个重要的特点,就是时代越久,历史价值越高。在国际上,被承认的、没有争议的中国最早的文明就产生在商代。殷墟不是一座简单的建筑物,它是一座都城。都城是什么?都城是一个国家的政治中心、经济中心、军事中心和文化礼仪中心。它是一个王国的缩影,是其他任何遗产没办法比的。"

这就是殷墟之于中华文明乃至人类文明的独特贡献和独特地位。

(2)甲骨文照亮煌煌中华。

如果说钻木取火标志着人类告别了茹毛饮血的野蛮岁月,那么文字的出现就意味着人类走出了结绳记事的洪荒年代。甲骨文的发现,是照亮中华文明的一盏明灯。

中国社会科学院考古研究所研究员徐广德说,甲骨文不仅仅是一个文明的符号、文化的标志,它印证了包括《史记》在内的一系列文献的真实性，把有记载的中华文明史向前推进了近5个世纪。

在世界四大古文字体系中，唯有以殷墟甲骨文为代表的中国古汉字体系，历经数千年的演变而承续至今，书写出了一部博大精深的中华文明史。

目前，殷墟共出土甲骨15万片，单字约4500个，其中约有1500个单字已被释读。3000多年以来，甲骨文虽然经过了金文、篆书、隶书、楷书等不同书写形式的变化，但是以形、音、义为特征的文字和基本语法保留至今，成为今天世界上1/5人口仍在使用的方块字，对中国人的思维方式、审美观产生了重要的影响，为中国书法艺术的产生与发展奠定了坚实的基础。

走遍华人社会，即使方言难以交流，方块字写在纸上，一目了然——亲不亲？文字根！

（3）青铜器世界独一无二。

"殷墟出土了大量青铜器，这么精美的青铜器在世界上是独一无二的。"谈到殷墟，中国社会科学院考古研究所商周室主任杜金鹏这么评价。

杜金鹏介绍，安阳殷墟在1978年的考古发掘中，出土青铜容器4000余件，这些青铜器中，后母戊鼎是殷墟出土的最大青铜器。实际上，安阳其他一些证据证明，这并不是殷墟最大的青铜器物。2003年，考古工作者在安钢进行考古发掘时，曾经发现过一个铸造青铜器的工厂，那个工厂现场有一个铸造青铜器的内范，而这个内范表明它是一件圆形青铜器，这个圆形青铜器的口径达到1.6米，比后母戊鼎要大得多，这样来讲，如果它是一个圆形的鼎，那可比后母戊鼎壮观多了。

这种规模、体型的青铜器进行铸造必须要有一批熔化青铜器的炉同时工作，而且要有大量的铸造工人，这个浇铸是不能间断的，能把各个工种有机协调起来，可见当时的社会组织已经非常严密。

殷商的青铜加工业如此发达，但安阳周围并没有高品位铜矿以及冶炼青铜所必需的锡铅矿石。有学者推测，当时的工匠们已经学会了在矿石的产地进行冶炼粗加工，然后把加工过的粗铜、粗锡、粗铅运到这里，进行配比熔炼。当时的铜矿很可能采自江西、安徽等长江流域一带，而锡、铅的矿藏则主要在江西一带。有学者推测，商代频繁的战争，可能也与争夺矿产资源有关。

商代的石器与玉器亦可谓琳琅满目，殷墟出土的玉器体现出中国青铜时代高超的工艺水平和艺术想象力。学者们认定，殷墟出土的玉器，其原料大都为新疆的和田玉、辽宁岫玉。那么可以这样设想，早在3000多年前的商代，就已经有通往新疆的"金石之路"了。这可要比始于公元前2世纪的"丝绸之路"早1200多年！

（4）8000多座墓葬世界少见。

殷墟作为非常明确的商代古都，这个证据是非常充分的，殷墟有好多东西是中华民族的基因。

中国社会科学院考古研究所学术委员会主任、著名考古学家刘庆柱说："殷墟考古发掘70多年来，发现墓葬计8000余座，包括王陵和大量族墓，其种类有带墓道大墓、长方竖穴墓、无墓圹墓及祭祀坑等，这在世界其他文化遗址中是少见的。这些墓葬等级森严，随葬礼器的大小、形制、组合、数量更是代表墓主人的不同等级和身份。殷墟的王陵大墓，规模宏大，杀殉众多，礼器精美。妇好墓的随葬品达1928件，而平民、奴隶的随葬品则很少，甚至没有。"

"在殷墟的墓中，有四个墓道的是王墓。王为何要用四个墓道？这是在喻示着'地上是四方，地下是四方，四方都归我管'。换句话说，王埋在地下也要控制四方。"

（5）殷墟建筑填补考古空白。

2001年，中国社会科学院考古研究所安阳工作站站长唐际根博士率领的考古学家，在殷墟的东北方探明了一座面积470多万平方米的洹北商城，其中仅一号基址长度就有170余米，面积达1.6万平方米，不仅是夏商周三代最大的单体建筑，甚至可谓历代宫殿之最！它的建筑面积相当于六七个故宫太和殿的面积总和。

在洹北商城发现的一号宫殿建筑基址，是继1999年发现400多万平方米的商代城墙遗址后，又在该城内南北中轴线偏南位置，发掘出的一座回字形巨大宫殿建筑遗址，也是迄今为止发现的规模最大的商代夯土建筑。

唐际根博士说，洹北商城及其中轴线附近夯土建筑群的发现，在考古史上具有划时代的意义。这是考古工作者通过多年野外调查，分析大量古文化遗存和古地貌资料后，发现的一商代都邑遗址，填补了以郑州二里岗为代表的早商文化和以殷墟为代表的晚商文化之间的空白，从而完善了商代的编年框架。

目前，考古人员已发现宫殿宗庙建筑110余座。这些建筑成组排列，或为宗庙，或为社坛，已具备中国宫殿建筑"前朝后寝、左祖右社"的规划雏形。

（6）殷历法为农历所沿用。

据徐广德研究员介绍，殷墟时期的自然科学技术在很多领域达到了世界先进水平。甲骨文的记载表明，殷人已能够准确地记录日食、月食和星象，并对超新星等天文现象有了较早的认识。殷历法采取阴阳合历，将一年分为12个月，并采取增加闰月的方法，解决了与回归

年实际太阳日的矛盾。这些方法仍为中国现行的农历所沿用。

在数学方面，殷人已有了个、十、百、千、万等数字概念，并采用了十进位制。

在医学方面，商代晚期已能认识人类的十10多种疾病，除用药物治疗外，还能应用针砭、按摩等治疗方法，达到了较高水平。

考古发掘表明，殷墟时期的手工业空前发达，不仅门类齐全，而且工艺水平极高。一些主要的手工业生产部门，如青铜冶铸、制玉、制陶、制骨、制车、纺织等都已达到了相当大的规模。其中这一时期的白陶、原始瓷等在中国陶瓷史上占有重要地位。

殷墟出土的商代马车，已经使用了大量青铜构件，独辕双套双轮，结构精致复杂，体现出高超的机械、青铜铸造等复合技术。

殷墟时期高度发达的科学技术，对人类科技的发展做出了重要贡献。

3.遗产描述

1937年以前发掘的53座建筑基址，被考古学者划分为甲、乙、

丙三组基址。20世纪70年代以来，在宫殿宗庙遗址又陆续发现了著名的小屯南地甲骨窖穴、妇好墓、花园庄东地H1甲骨窖穴、54号基址和花园庄M54号墓等。在宫殿宗庙遗址的西、南两面，有一条人工挖掘成的南北长1100米，东西长650千米，宽10米～20米，深5米～10米的巨型防御濠沟，其东、北两端与洹河的河曲相通，将宫殿宗庙遗址环抱中间，构成了严密的防洪、防御体系，与宫殿宗庙遗址浑然一体，起到了类似宫城的作用。

殷墟发现的甲骨窖穴主要分布在殷墟宫殿宗庙遗址。自19世纪末甲骨文发现以来，这里共出土甲骨约15000片，震惊了世界。最著名的有YH127甲骨窖穴、小屯南地甲骨窖穴、花园庄东地H3甲骨窖穴。YH127甲骨窖穴发现于1936年，位于宫殿宗庙遗址中部偏西，共出土刻辞甲骨17000余片。小屯南地甲骨窖穴发现于1973年，位于小屯村南部，共出土刻辞甲骨5000余片。花园庄东地H3甲骨窖穴，发现于1991年，位于宫殿宗庙遗址东南部，共出土甲骨1583片，其中刻辞甲骨500余片。这些甲骨的内容极为丰富，包括祭祀、畋猎、农业、天文、军事等，涉及商代社会生活的方方面面，为甲骨文和商代历史研究提供了极其宝贵的资料，被称为中国古代乃至人类最早的"档案库"。

殷墟王陵遗址与宫殿宗庙遗址隔河相对，是商王的陵地和祭祀场所，也是中国目前已知最早的完整的王陵墓葬群，面积达11.3万平方米。王陵遗址共发现有12座王陵大墓和2000多座祭祀坑。王陵大墓多为"亚""中""甲"字形大墓，这些大墓墓室宏大，形制壮阔。面积最大者达1803平方米，深达15米。墓内椁室、棺木极尽奢华，随葬器物精美，殉人众多，显示出墓主人非凡的尊贵和威严。殷墟王陵的埋葬制度、分布格局、随葬方式、祭祀礼仪等集中反映了商代晚期的社会组织、阶级状况、等级制度、亲属关系，代表了中国古代早期王陵建设的最高水平，并为以后中国历代王朝所效仿，逐渐形成中国独具特色的陵寝制度。

殷墟王陵遗址位于洹河北岸

侯家庄西北冈、武官村北地的高地上，与宫殿宗庙遗址隔河相望，是殷墟遗址重要的组成部分。自1934年起，这里共发掘12座王陵大墓（包括一座未完成大墓）、2000余座陪葬墓和祭祀坑。其中，西区有八座四条墓道大墓，八座大墓分成四排，一南一北分列，最西为M1500、M1217，最东为M1001、M1550，位于中间东北部的为M1004，西北部为M1003，南部为M1002，居中位置为M1567；东区有五座大墓，其中四条墓道大墓一座，为M1400，两条墓道大墓三座，分别为M1443、M1129和50WGKM1（武官大墓），一条墓道大墓一座，为M260。这些大型墓葬均为南北向，墓形呈"亞"字形、"中"字形、"甲"字形等，被学者认定为殷商后期的王陵。在王陵遗址的东区和西区，还分布着2000余座小墓葬，其中东区已发掘1383座，西区发掘104座。这些墓葬除少数为陪葬墓外，大多是祭祀坑，是商王祭祀先祖的遗迹。这些祭祀坑呈长方形、方形等，集中而又有规律地成组排列。坑内埋葬着数千具祭祀的遗骨，这些人大部分被砍杀，多为青壮年，还有女性和未成年的儿童，每坑8人～10人不等。仅1976年发掘清理的191座祭祀坑就发现祭祀人1178人，这些祭祀坑的存在成为商代残酷人祭制度的历史见证。这种以人祭、人殉等为代表的丧葬习俗，一直延续到春秋时期，并在秦汉时期演变为制作陶俑或木俑等殉葬的方式。

4.世界遗产委员会评价

殷墟位于河南省安阳市，是中国第一个有文献记载并为考古发掘所证实的商代都城遗址。在这里先后出土了数量惊人的甲骨文、青铜器、玉器、陶器、骨器等精美文物，全面、系统地展现出3300年前中国商代都城的风貌，为这一重要历史阶段提供了坚实证据。近年来，殷墟仍不断有大量的重要发现，呈现出巨大的考古潜力。

这里出土的15万片甲骨上，发现了目前中国文字体系最早的证据。

三、河南登封天地之中古建筑群

1.概况

登封"天地之中"历史建筑群包括8处11项历史建筑：周公测景台和观星台、少林寺建筑群三处：塔林、初祖庵、常住院、会善寺、嵩阳书院、中岳庙和东汉三阙（太室阙、少室阙、启母阙）、嵩岳寺塔。联合国教科文组织第34届世界遗产大会2010年8月1日审议通过，将中国的登封"天地之中"历史建筑群列为世界文化遗产，包括少林寺常住院、塔林和初祖庵在内的8处11项古建精华有了新的"护身符"。

嵩山位于河南省西部，地处河南省登封市西北面，是五岳中的中岳。1982年，嵩山以河南嵩山风景名胜区的名义，被国务院批准列入第一批国家级风景名胜区名单。2004年2月13日被联合国教科文组织地学部评选为"世界地质公园"。2007年5月8日，登封市嵩山少林景区经国家旅游局正式批准为国家5A级旅游景区，总面积450平方千米，东依省会郑州，西临古都洛阳，北临黄河，南靠颍水。由太室山和少室山组成，最高峰（峻极峰）1491.7米。东西绵延约60余千米。古名为外方、嵩高、崇高。五代后称中岳嵩山，与泰山、华山、恒山、衡山共称五岳。嵩山地区古代文化积淀甚厚，据《中国文物地图集·河南分册》介绍，各类文物古迹共956处。其中，有13处为国家级重点文物保护单位，38处为省级文物保护单位，899处属于县（市）级文物保护单位。其文物规模位于全国县级市之首。

在中国人的早期宇宙观中，中国是位居天地中央之国，天地之中在中国中原的郑州登封一带，因而这里成为中国早期王朝建都之地、中国文明起源的中心和文化荟萃的中心。中国古代礼制、天文、儒教、佛教、道教等文化流派纷纷来此朝拜圣山、祭祀山神，传经、讲道并在此建立核心基地。

（1）周公测景台。

周公测景台是三千多年前的周公姬旦为迁都洛阳寻找天象根据，测日影定"地中"而建的土圭。唐玄宗时期仿周公土圭旧制，建成了目前依然保存完好的石圭、石表式的周公测景台。

（2）登封观星台。

登封观星台是中国现存最古老的天文观测建筑，建于元代。天文学家郭守敬以此为中心点观测并推算出了当时世界最先进的历法——《授时历》，其精确度与现行公历仅相差26秒，创制时间却早了300年。

（3）嵩阳书院。

嵩阳书院是中国最早的传播儒家理学、祭祀儒家圣贤和举行考试的书院。由于名儒司马光、范仲淹、程颐、程颢等相继在此讲学，嵩阳书院声名大振，是宋代四大书院之首。

书院保存下来的文物很多，最著名的是两株汉封将军柏和9米多高的大唐碑，人称"稀世宝"。嵩阳书院唐碑，该座石碑高9.02米，重约80多吨，是河南最大的碑刻。

汉武帝刘彻游嵩岳时，见柏树高大茂盛，遂封为"大将军""二将军"和"三将军"。目前仍然存活的"大将军"柏、"二将军"

柏，其树龄都在4500年以上，是我国现存最古老的树木之一。

（4）中岳庙。

中岳庙始建于秦，现存建筑多复建于明清，为官式建筑的代表，也是国内现存规模最大、规格最高、保存最完整的一组道教古建筑群。从中华门起全长13华里，面积十万多平方米，是中岳中现存宏大、保存较完整的古庙宇建筑群。

（5）嵩岳寺塔。

嵩岳寺塔建于北魏正光年间（公元520～525年），是中国现存年代最早的砖塔，也是世界上最早的筒体建筑。

（6）会善寺。

会善寺因高僧辈出而声名远播，曾经造化了佛教史上著名的得道寿星——道安禅师。道安禅师俗寿128岁，历经隋唐两朝八帝。

（7）少林寺建筑群。

少林寺，有"禅宗祖廷，天下第一名刹"之誉；是中国汉传佛教禅宗祖庭。

常住院：常住院是少林寺的核心，是主持和尚和执事僧进行佛事活动的地方，由7进坐落在一条中轴线上的建筑所组成，即山门、天王殿、大雄宝殿、藏经阁、方丈室、立雪亭、毗卢阁，两侧的建筑沿中轴线左右对称。

塔林：佛教界有名望、有地位的和尚死后，把他们的骨灰或尸骨放入地宫，上面造塔，以示功德。少林寺塔林由历代高僧的墓塔组成，保存了公元689年至1803年间的古塔241座和现代塔2座，是中国现存古塔数量最多的塔群，被誉为"中国古塔艺术博物馆"。

初祖庵：宋代人为纪念禅宗初祖菩提达摩而营造的纪念建筑，因达摩常游化于嵩洛之间，修禅的主要方式是面壁静坐，所以此庵又称作"达摩面壁之庵"。

(8) 汉三阙。

即太室阙、少室阙、启母阙，是一种特殊的石雕艺术。其中少室阙上铭文叙述了大禹在古时治理洪水时"三过家门而不入"的故事。

2.被列入《世界遗产名录》的原因

位于中国河南省的嵩山，被认为是具有神圣意义的中岳。在海拔1500米的嵩山脚下，距河南省登封市不远，有8座占地共40平方千米的建筑群，其中包括三座汉代古阙，以及中国最古老的道教建筑遗址——中岳庙、周公测景台与登封观星台等等。这些建筑物历经九个朝代修建而成，它们不仅以不同的方式展示了天地之中的概念，还体现了嵩山作为虔诚的宗教中心的力量。登封历史建筑群是古代建筑中用于祭祀、科学、技术及教育活动的最佳典范之一。内容主要是8处11项，中岳庙、太室阙、启母阙、少室阙、会善寺、嵩阳书院、嵩岳寺塔、少林寺常住院、塔林、初祖庵等。其历经汉、魏、唐、宋、元、明、清，构成了一部中国中原地区上下2000年形象直观的建筑史，是中国时代跨度最长、建筑种类最多、文化内涵最丰富的古代建筑群，是中国先民独特宇宙观和审美观的真实体现。

在中国传统的宇宙观中，中国是位居天地中央之国，而天地中心则在中原，中原的核心则在郑州登封，因而这里成为中国早期王朝建都之地和文化荟萃的中心，中国几大主流文明——儒、佛、道都在这里建立了弘扬传播本流派文化的核心基地，这里也成为人们测天量地的中心，这一历史背景使得这里汇聚和留存了大量珍贵的文化纪念建筑，其精华，即登封"天地之中"历史建筑群，它们都与中国"天地之中"传统宇宙观发生着直接的、必然的联系。

登封"天地之中"历史建筑群包括周公测景台和登封观星台、嵩岳寺塔、太室阙和中岳庙、少室阙、启母阙、嵩阳书院、会善寺、少林寺建筑群等8处11项优秀历史建筑，历经汉、魏、唐、宋、元、明、清，绵延不绝。

本次申遗文稿起草人、登封地方志办公室主任吕红军说，登封历史建筑群是以"天地之中"理念为核心动力而形成的中国优秀文化遗产。

"天地之中"这个概念他就是古代中国人的一个朴素宇宙观，影响着整个中国人的包括政治、经济、文化以及哲学等诸多方面，同时更重要的是嵩山历史建筑群在这样的一个体制下诞生了诸多了古代建筑，这8处11项可以说是中国礼制建筑、宗教建筑、科技建筑和书院建筑的杰出代表和范例。

第六章

⊙ ⊙ ⊙

湖北省的文化与自然遗产

⊙ ⊙ ⊙ ⊙ ⊙ ⊙ ⊙ ⊙ ⊙ ⊙ ⊙ ⊙ ⊙

武当山古建筑群

1.遗产简介

武当山又名"太和山"，位于中国中部湖北省丹江口市的西南部。武当山号称玄天真武上帝的发祥地。明代（1368～1644年）时，武当山被皇帝敕封为"大岳""玄岳"，地位在"五岳"诸山之上。武当山面临碧波万顷的丹江水库，背依神农架原始森林。武当主峰天柱峰，海拔1612米，周围林立有七十二峰、三十六岩、二十四涧、十一洞、三潭、九井、九台等胜景环绕，白云绿树交相辉映，灵岩奇洞幽藏山间，风光旖旎，气势宏伟，被世人赞为"万山来朝"。峰

岩兀立，涧水长流，树密林深，正是道士们断绝尘缘俗事、修真炼性所追求的虚清胜境。

现在武当山古建筑群主要包括太和宫、南岩宫、紫霄宫、遇真宫四座宫殿，玉虚宫、五龙宫两座宫殿遗址，以及各类庵堂祠庙等共200余处。建筑面积达5万平方米，占地总面积达100多万平方米，规模极其庞大。被列入的主要文化遗产包括：太和宫、紫霄宫、南岩宫、复真观、"治世玄岳"牌坊等。

道教是我国的传统宗教，它源于古代的巫术、仙术、先秦老庄哲学和道家哲学等。自唐代起，几乎历代封建皇帝都极力扶植武当道教。武当山道教建筑始建于唐朝贞

观年间（627～649年），宋代也有增建，元代进一步扩大建筑规模。明代是其发展的鼎盛时期，明成祖多次下诏派大臣率军民几十万人大兴土木。经12年的营建，形成九宫、九观、36庵堂、73岩庙的大规模的道教建筑群，成为皇室利用宗教思想统治的重要场所。到嘉靖三十一年（1552年），"治世玄岳"牌坊建成，武当山即以"治世玄岳"的崇高地位成了全国道教的活动中心，千百年来，作为道教福地、神仙居所而名扬天下，历朝历代慕名前来朝山进香、隐居修道者不计其数。

武当山庞大的道教建筑群始终由皇帝亲自策划营建，朝廷派员管理。在整个营建过程中指派风水家勘测选址，汇集全国能工巧匠精心施工，工部大臣亲临督工，采取皇家建筑法式，统一规划设计而成。气势宏大，瑰丽辉煌，颇具皇家宗教建筑气派。以金顶为中心，八大宫为主体的武当山建筑群，总体规划严密，建筑分布大小分明，主次有序。选择建筑位置，注重周围环境，讲究山形水脉，聚气藏风。建

筑或深藏山坳，或濒临险崖，达到建筑与自然的高度和谐。其规模之大，规格之高，构造之严谨，装饰之精美，神像、供器之多，在中国现存道教建筑中是绝无仅有的。

武当山建筑群被人誉为"仙山琼阁"。建筑群各处均以表现真武的出身、修炼、升天和受封等道教传说为主，各具特色。因道家崇尚"天人合一，道法自然"，武当山建筑群最大限度地保留了武当山的自然风貌。建筑依山就势，宛若天成。它们或立于峰峦山冈之上，或藏于悬崖峭壁间，既给人以挺拔险峻之感，又让人体会到道家的玄妙神奇之意。

武当山建筑群分布在以天柱峰为中心的群山之中，总体规划科学，布局合理。建筑或宏伟壮观，或小巧精致，类型多样。建筑材料多采自当地。建筑上各项构造、装饰、陈设，不论木构宫观、铜铸殿堂、石作岩庙，以及铜铸、木雕、石雕、泥塑等各类神像都极为精美，反映出当时高超的技术和艺术水平。工程浩大、工艺精湛的武当山古建筑，成功地体现了"仙山琼

"阁"的意境，犹如我国古建筑成就的展览。

武当山古建筑群集中体现了中国古代建筑装饰艺术的精华。在这里还衍生出武当道教、武当道乐和武当武术等文化范畴的精髓，为中华民族的传统文化增添了新内容。

武当山建筑群包含元、明、清三个历史时期的建筑物。目前保存下来的多为明代建筑。建筑主体以宫观为核心，庵堂神祠分布于宫观附近地带，岩庙占峰踞险。众多的建筑中，用材极为广泛，有木构、铜铸、石雕、木雕，都达到了极高的技艺水平。

金殿：明代铜铸仿木结构宫殿式建筑，位于天柱峰顶端的石筑平台正中，面积约160平方米，朝向为东偏南8°。殿面宽与进深均为三间，阔4.4米，深3.15米，高5.54米。四周立柱12根，柱上叠架、额、枋及重翘重昂与单翘重昂斗栱，分别承托上、下檐部，构成重檐底殿式屋顶。正脊两端铸龙对峙，四壁于立柱之间装四抹头格扇门。殿内顶部作平棋天花，铸浅雕流云纹样，线条柔和流畅。地面以紫色石纹墁

武当山金殿

地，洗磨光洁。屋顶采用"推山"做法为特点。殿内于后壁屏风前设神坛，塑真武大帝坐像，左侍金童捧册，右侍玉女端宝，水火二将，执旗捧剑拱卫两厢。坛下玄武一尊，为金婉合体。坛前设香案，置供器。神坛上方高悬鎏金匾额，上铸清圣祖爱新觉罗·玄烨手迹"金光妙相"四字。殿外檐际，悬盘龙斗边鎏金牌匾，上竖铸"金殿"二字。殿体各部件采用失蜡法铸造，遍体鎏金，无论瓦作、木作构件，结构严谨，合缝精密，虽经500多年的严寒酷暑，至今仍辉煌如初，显示出我国铸造工业发展的高度水平，堪称现存古建筑和铸造工艺中的一颗璀璨明珠。

复真观：建于明永乐十年（1412年）清康熙二十二年（1683年）重

修。位于狮子峰前，现存建筑20栋，建筑面积3505平方米，占地6万平方米。观门侧开数匝山势建夹墙复道，状如游龙。中轴线上有照壁、梵帛炉、龙虎殿、大殿、太子殿。左侧道院建皇经堂、藏经阁、庙亭、斋房，随山势重叠错落。前有五云楼，五层楼翼角立柱上架设12根梁枋，交叉叠阁，为大木建筑中少见的结构，有一柱十二梁之称。

"治世玄岳"牌坊：建于明嘉靖三十一年（1552年），位于武当山镇东4000米处，为进入武当山的第一道门户，又名"玄岳门"。系石凿仿大木建筑结构，三间四柱五楼牌坊，高11.9米，阔14.5米。明间与次间之比为5∶3。坊柱高6.4米，柱周设夹杆石以铁箍加固。柱顶架龙门枋，枋下明间为浮雕大小额，枋上部出卷草花牙子雀替，衬托浮雕上枋和下枋，枋间嵌夹堂花板，构成明间高敞、两侧稍低的三个门道。正楼架于龙门枋上，明间左右立枋柱，中嵌矩形横式牌匾。次间各分两层架设边楼、云板与次楼，构成宽阔高耸的正楼、边楼，由上而下，逐层外展的三滴水歇山

式的坊楼，中嵌横式牌匾刻嘉靖皇帝赐额"治世玄岳"。此坊结构简练，构件富于变化，全用卯榫拼合，装配均衡严谨，坊身装饰华丽，雕刻精工，运用线刻、圆雕、浮雕等方法，雕刻了人物、动物和花卉等图案，是南方石作牌楼之佳作，也是明代石雕艺术珍品。

太和宫：太和宫位于武当山主峰天柱峰的南侧，包括古建筑20余栋，建筑面积1600多平方米。太和宫主要由紫禁城、古铜殿、金殿等建筑组成。紫禁城始建于明成祖永乐十七年（1419年），是一组建筑在悬崖峭壁上的城墙，环绕于主峰天柱峰的峰顶。古铜殿始建于元大德十一年（1307年），位于主峰前的小莲峰上，殿体全部由铜铸构件拼装而成，是中国最早的铜铸木结构建筑。

南岩宫：南岩宫位于武当山独阳岩下，始建于元至元二十二年（1285年）。现保留有天乙真庆宫石殿、两仪殿、龙虎殿等建筑共21栋。

紫霄宫：紫霄宫是武当山古建筑群中规模最为宏大、保存最为完整的一处道教建筑，位于武当山

东南的展旗峰下，始建于北宋宣和年间（1119~1125年），明嘉靖三十一年（1552年）扩建。现存建筑29栋，总面积6854平方米，整组建筑沿五级阶地布置，逐层升高。主体建筑紫霄殿是武当山最具有代表性的木构建筑，结构用材硕大，屋顶用重檐歇山形式。殿高18.3米，通面阔29.9米，通进深12米，面积为358.8平方米。殿内有金柱36根，供奉玉皇大帝塑像，其建筑式样和装饰具有明显的明代特色。

此外，武当道教中产生出的武当武术为中华武术的重要流派之一。武当道教音乐神韵清雅犹如天籁之音。武当道教法事活动玄妙神秘，似与天对话。

1994年，联合国教科文组织世界文化遗产委员会的专家考察武当山后认为："武当山古建筑群以典型的道教建筑与奇异的自然风光完美地结合在一起"。"武当山融汇了古代的智慧、历史的建筑和自然的美景——中国的伟大历史，仍然留存在武当山。"同年，武当山古建筑群被列入《世界遗产名录》，并再次强调："武当山古建筑群具有突出的、普遍的文化和自然价值，需要全人类为了共同的利益来加强保护。"

2．列入《世界文化遗产名录》的原因

武当山古建筑群历经沧桑，现存四座道教宫殿、两座宫殿遗址、两座道观及大量神祠、岩庙。在布局、规制、风格、材料和工艺等方面都保存了原状。建筑主体以宫观为核心，主要宫观建筑在内聚型盆地或山助台地之上，庵堂神祠分布于宫观附近地带，自成体系，岩庙则占峰踞险，形成"五里一庵十里宫，丹墙翠瓦望玲珑"的巨大景观。在建筑艺术、建筑美学上达到了极为完美的境界，有着丰富的中国古代文化和科技内涵，是研究明初政治和中国宗教历史以及古建筑的实物见证。武当山古建筑群具有以下主要特征。

（1）杰出的建筑艺术。

武当山古建筑群分布在以天柱峰为中心的群山之中，总体规划严密，主次分明，大小有序，布局合理。建筑位置选择注重环境，讲究山形水脉，布局疏密有致。建筑设计的规划或宏伟壮观，或小巧精致，或深藏山坳，或濒临险崖，达到了建筑与自然的高度和谐，具有浓郁的建筑韵律和天才的创造力。

（2）高超的艺术成就。

武当山古建筑群类型多样，用材广泛，各项设计、构造、装饰、陈设不论木构宫观、铜铸殿堂、石作岩庙，以及铜铸、木雕、石雕、泥塑等各类神像都达到了高度的技术与艺术成就。

（3）道教建筑之瑰宝。

武当山道教建筑群始终由皇帝亲自策划营建，皇室派员管理。现存建筑其规模之大，规划之高，构造之严谨，装饰之精美，神像、供器之多，在中国现存道教建筑中是绝无仅有的。

（4）反映了我国古代科技的伟大成就。

武当山金殿及殿内神像、供桌等全为铜铸鎏金，铸件体量巨大，采用失蜡法（蜡模）翻铸，代表了中国明代初年（15世纪）科学技术和铸造工业的重大发展。

（5）具有重大的历史意义。

武当山建筑群的兴建，是明代皇帝朱棣在扩展外交的同时，对内大力推崇道教，灌输"皇权神授"思想，以巩固其内部统治，具有重大的历史和思想信仰等意义。

武当山古建筑群中的主要遗产有太和宫、南岩宫、紫霄宫、复真观和"治世玄岳"石坊等。

3.世界遗产委员会评价

武当山古建筑中的宫阙庙宇集中体现了中国元、明、清三代世俗和宗教建筑的建筑学和艺术成就。古建筑群坐落在沟壑纵横、风景如画的湖北省武当山麓，在明代期间逐渐形成规模，其中的道教建筑可以追溯到公元7世纪，这些建筑代表了近千年的中国艺术和建筑的最高水平。

第七章

◉ ◉ ◉

湖南省的文化与自然遗产

◉ ◉ ◉ ◉ ◉ ◉ ◉ ◉ ◉ ◉ ◉

武陵源风景名胜区

1.遗产概况

武陵源风景名胜区位于中国湖南省西北部，由张家界市的张家界森林公园、慈利县的索溪峪自然保护区和桑植县的天子山自然保护区组合而成，地处中亚热带气候区，属山原型湿润气候，总面积为369平方千米，其中游览核心区有264平方千米。武陵源景观的特征，可概括为奇、险、秀、幽、野五个字。丰富多彩的自然景观有机地排列组合，相互衬托，交相辉映，构成虚实相济、含蓄自由的山水佳境，20世纪80年代武陵源被外人偶然发现后，这片神奇的土地被国内

外游客冠以"人间仙境，世外桃源"的盛誉，是集自然科学价值和原始野性美学价值于一身的珍贵世界自然遗产。

武陵源风景名胜区是20世纪80年代初新发现的。这里的风景没有经过任何的人工雕凿，到处是石柱石峰、断崖绝壁、古树名木、云气烟雾、流泉飞瀑、珍禽异兽。置身其间，犹如到了一个神奇的世界和趣味天成的艺术山水长廊。

武陵源独特的石英砂岩峰林在国内外均属罕见，在360多平方千米的面积中，目前所知有山峰3000多座，这些突兀的岩壁峰石，连绵万顷，层峦叠嶂。每当雨过天晴或阴雨连绵的天气，山谷中生出

的云雾缭绕在层峦叠嶂之间，云海时浓时淡，石峰若隐若现，景象变幻万千。

武陵源水绕山转，据称仅张家界就有"秀水八百"，众多的瀑、泉、溪、潭、湖各呈其妙。金鞭溪是一条10余千米长的溪流，从张家界沿溪一直可以走到索溪峪，两岸峡谷对峙，山水倒映溪间，别具风味。

武陵源的溶洞数量多、规模大、极富特色，其中最为著名的是索溪峪的"黄龙洞"。黄龙洞全长7.5千米，洞内分为四层，景观奇异，是武陵源最为著名的游览胜地之一。

峭拔的岩峰、苍茫的林海、秀丽的山溪、幽深的洞壑……汇聚成一个神奇美妙的世界——张家界国家森林公园。这是我国第一个国家级森林公园，被称誉为一颗璀璨的风景明珠。面积为130平方千米。它有黄狮寨、金鞭溪、腰子寨、琵琶溪、砂刀沟、后花园、朝天观7条主要旅游线。

张家界国家森林公园集神奇、钟秀、雄浑、原始、清新于一身，

内连绵重叠着数以千计的石峰，奇峰陡峭嵯峨，千姿百态，造型完美，形神兼备，或孤峰独秀，或群峰相依。石缝间的山泉，幽谷里的潜流，悬崖处的飞瀑，与红岩绿树相映竞辉，珠联溢彩。园内珍稀古木，苍劲繁茂，奇花异卉，生机盎然。

索溪峪，西南紧连张家界，西北毗邻天子山，面积147平方千米，有景点200多处。索溪峪景区的山、水、洞自成一体，奇峰起伏，错落成趣；水：泉清瀑美，千姿百态；洞：幽深神秘，其妙无比。这里有恍若仙境的地下宫殿——黄龙洞、充满诗情画意的十里画廊、碧波荡漾的宝峰湖、充满传奇色彩的百丈峡及太虚幻境般的西海云雾，还有一刚一柔、形态风格迥异的鸳

奇特的凤栖山风景

天子山

鸳瀑……所有这些无不令人流连忘返。远在明代中叶，就有人在索溪峪的岩壁上题诗赞曰："高峡百丈洞云深，要识桃源此处寻。"

天子山与张家界、索溪峪山水相依、交臂为邻，面积65平方千米，主峰海拔1256米。从这里举目远眺，武陵千山万壑尽收眼底。

天子山被人们誉为"秀色天下绝，山高人未识"的自然风景地，它有一座天桥、两口天池、三座古庙、四个天门、五处飞泉、六个洞府、七个风景区、八十四座天然观景台，集奇、险、秀、幽、野于一体。天子山因历史上有土家族领袖向大坤自称天子而得名。

杨家界东接张家界，北邻天子山，面积34平方千米，有香芷溪、龙泉峡和百猴谷三个游览区，景点

200余处。这里，山明水秀、风光如画。有香芷溪峰高天远，洞深水清，斜阳古道，鸟叫蝉鸣，似世外桃源；龙泉峡绝壁罗列，是天然的屏障，宛若壮观的古城墙；百猴谷是猕猴和白鹭的家园，成群的猕猴出没于悬崖沟谷之间，无数的白鹭栖息于苍枝绿叶之中。这里还有被人赞为"神州第一藤"的"绝壁藤王"及各种奇异的植物。

相传，北宋杨家将围剿向王天子时曾在天子山安营扎寨。后因战争旷日持久，杨家便在此地繁衍后代，这里因之成了"杨家界"，其景点也多与杨家将有关。

天门山，古称"云梦山"，又名"玉屏山"。它坐落在张家界市区以南5千米处。山上森林资源丰富，森林覆盖率达80%以上，系张家界市的另一座国家森林公园。

据史书记载：公元263年，因山壁崩塌而使山体上部洞开一门，南北相通。三国时吴王以为吉祥，赐名"天门山"。天门山的景观奇特，被称为天下奇观的便是天门洞。天门洞位于海拔1260多米的绝壁之上，洞高131.5米，宽37米。

据地质专家考证，门洞中央系东西岩层向斜的交会处，因挤压而导致岩石破碎崩塌，最终于263年形成门洞。天门山海拔1517.9米，因与山下市区相对高差达1300多米，故尤显伟岸挺拔。

1988年国务院审定武陵源为国家重点风景名胜区，并批准设立省辖张家界市、建立武陵源区人民政府，以加强风景名胜区的保护和管理。1992年12月，武陵源被联合国教科文组织作为自然遗产列入《世界遗产名录》。

2. 列入《世界自然遗产名录》的原因

（1）趣味天成的艺术山水长廊。

武陵源最富特色的当属山，以奇峰、怪石、幽谷、秀水、溶洞"五绝"闻名于世。其独特的石英砂岩峰林在国内外均属罕见。在360多平方千米的武陵源，共有石峰3103座，峰体分布在海拔500米～1100米之间。峰林造型景观，人、神、仙、禽、兽、物群态毕俱，变化万千。从天子山上和黄石寨等高台上眺望，四周稠密的峰林，高低参差，奇形怪状，或险峻高大，或淑秀清丽，阳刚之气与阴柔之姿并存，赏心悦目，美不胜收。骆驼峰宛然翘首昂视的骆驼，头颈身尾俱全，驼峰部分尤其栩栩如生；醉石峰高200米，上大下小，峰体向南倾斜19°左右，站在峰下仰望石峰似摇晃欲倒；王后峰则并如直立的手掌。

这些突兀的岩壁峰石，连绵万顷，层峦叠嶂。每当雨过天晴或阴雨连绵的天气，山谷中生出的云雾缭绕在群峰之间，时而蒸腾弥漫，时而流泻跌落，时而铺展凝聚，时而舒卷飘逸。时浓时淡的云海，若隐若现的石峰，营造迷醉的梦幻境界，令人心旌摇荡，飘飘欲仙。

武陵源的溶洞数量多，规模

桃源仙境

大，壮美神奇，构景娇娆，妙趣横生，极富特色。最著名的当属被称为"洞穴学研究宝库"的索溪峪"黄龙洞"。洞长7.5千米，洞内分为四层，垂直高度达160米，构成了一库、二河、三瀑、四潭、十三宫、九十六廊的奇异景观，是武陵源最为著名的游览胜地之一。

武陵源植被繁茂，种类繁多，尤以武陵源松生长奇特、造型奇美，或耸立峰顶，或悬挂峭壁，或横卧峰隙。其形古朴，其势苍劲，其神邈远。

武陵源水绕山转，据称仅张家界就有"秀水八百"，众多的瀑、泉、溪、潭、湖各呈其妙。

沙坪田园两溪抱流，田园平缓上升，直到与如屏如画的峰峦相衔接，村宅点缀，绿树四合，翠竹依依，炊烟袅袅。这淡雅宁静的田园风光，创造了浓烈的抒情氛围，令人陶醉。

（2）具有突出价值的地质地貌。

武陵源在区域构造体系中，处于新华夏第三隆起带。在漫长的地质历史时期内，大致经历了武陵雪峰、印支、燕山、喜山及新构造运动。武陵雪峰运动奠定了本区基底构造。印支运动塑造了本区的基本构造地貌格架，而喜马拉雅山及新构造运动是形成武陵源奇特的石英砂岩峰林地貌景观的最基本的内在因素之一。

构成砂岩峰林地貌的地层主要由远古生界中、上泥盆统云台观组和黄家墩组构成，地层显示滨海相碎屑岩类特点。岩石质纯、层厚，底状平缓，垂直节理发育，岩石出露于向斜轮廓，反映出砂岩峰林地貌景观形成的特殊地质构造环境和基本条件。而外力地质活动作用的流水侵蚀和重力崩塌及其生物的生化作用和物理风化作用，则是塑造武陵源地貌景观必不可少的外部条件。因此，它的形成是在特定的地质环境中由于内外地质重力长期相互作用的结果。

（3）奇特多姿的地貌景观。

石英砂岩峰林地貌：武陵源共有石峰3103座，峰体分布在海拔500米～1100米，高度由几十米至400米不等。峰林造型景体完美无缺，若人、若神、若仙、若禽、若兽、若物，变化万千。

武陵源石英砂岩峰林地貌的特点是：质纯、石厚，石英含量为75%～95%，岩层厚520余米。具间层状层组结构，即厚层石英砂岩夹薄层、极薄层云母粉砂岩或页岩，这一层组结构有利于自然造型雕塑，增强形象感。岩层裸露轮廓平缓（5°～8°，局部最大达20°），增加了岩石的稳定性，为峰林拔地而起提供了先决条件。岩层垂直节理发育，显示等距性特点，间距一般15米～20米，为塑造千姿百态的峰林地貌形态和幽深峡谷提供了条件。

基于上述因素，加之在区域新构造运动的间歇抬升、倾斜，流水侵蚀切割、重力作用、物理风化作用、生物化学及根劈等多种外力的作用下，山体则按复杂的自然演化过程形成峰林，显示出高峻、顶平、壁陡等特点。

构造溶蚀地貌：武陵源构造溶蚀地貌，主要出露于二叠系、三叠系碳酸盐分布地区，面积达30.6平方千米，可划分为五亚类，堪称"湘西型"岩溶景观的典型代表。

主要形态有溶纹、溶痕、溶窝、溶斗、溶沟、溶槽、石芽、埋藏石芽、石林、穿洞、洼地、石膜、漏斗、落水洞、竖井、天窗、伏流、地下河、岩溶泉等。溶洞主要集中于索溪峪河谷北侧及天子山东南缘，总数达数十个。以黄龙洞最为典型，被称为"洞穴学研究的宝库"，在洞穴学上具有游览和探险方面特殊的价值。

剥蚀构造地貌：分布于志留系碎屑地区，见及三亚类：碎屑岩中山单面山地貌，分布于石英砂岩峰林景观外围的马颈界至白虎堂和朝天观至大尖一带；鲤鱼脊"V"谷中山地貌，分布于湖坪、石家峪、黄家坪等地；碎屑岩低山地貌，分布于中山外缘，山坡较缓，河谷呈开阔的"V"形。

河谷侵蚀堆积地貌：本类型可分为山前冲洪扇、阶地和高漫滩。前者分布于沙坪村，发育于插旗峪—施家峪峪口一带；索溪峪两岸发育两级阶地，二级为基座阶地，高出河面3米～10米；军地坪—喻家嘴一线高漫滩发育，面积达4平方千米～5平方千米。

（4）完整的生态系统。

武陵源位于西部高原亚区与东部丘陵平原亚区的边缘，东北接湖北，西部直达神农架等地，西南连于黔东梵净山。各地生物相互渗透，物种丰富。特别是这里地形复杂，坡陡沟深，加上气候温和，雨量丰富，森林发育茂盛，给众多物种的生存和繁衍提供了良好的环境条件。加之武陵源交通不便，人口稀少，受人为干扰较少，从而保存了丰富的生物资源，成为我国众多孑遗生物和珍稀动植物集中分布地区。据考证，千百年来武陵源从未发生过较大的气候异常、水土流失、岩体崩塌或森林病虫害等现象，证明武陵源保持了一个结构合理而又完整的生态系统，具有极其重要的科研价值。

武陵源植物资源十分丰富。在众多的植物中，武陵松分布最广，数量最多，形态最奇，有"武陵源里三千峰，峰有十万八千松"之誉。

古树是自然遗产中的"活文物"。武陵源的古树名木具有古、大、珍、奇、多的特点。神堂湾、黑枞脑保存有完好的原始森林。张家界村一株银杏古树高达44米，胸径为1.59米，被称为自然遗产中的活化石。生长于腰子寨的珙桐，是国家一级保护珍贵树木。这些植物种子资源，有着极高的科研价值，它们的生存环境、林相结构及其保护、保存等都是重大的研究课题。

（5）珍稀动植物集中的宝库。

区内植物垂直带谱明显，群落结构完整，生态系统平衡。该植物区的核心地带，属中国—日本植物区系的华中植物区，蕴藏着众多古老珍贵的植物和中国特有植物资源，森林覆盖率达88%。高等植物有3000余种，其中木本植物有107科，250属，700余种。首批列入《中国珍稀濒危保护植物名录》的重点保护植物有35种。珙桐树是国家一级保护植物。豆杉、伯乐树、

山依水偎、舟荡情漾

香果树等均为珍稀树种，武陵松分布面广，数量多。这些植物种子资源有着极高的科研价值，它们的生存环境、林相结构及其保护、保存等都是重大的研究课题。

列入《国家级保护动物名单》中的一二级保护动物，在武陵源有13种。动物中，较多的是猕猴，据初步观察统计，为300只以上。而当地人叫作"娃娃鱼"的大鲵，则遍见于溪流、泉、潭之中。对野生动物与武陵源生态系统关系的研究，有着重要的科学价值。

(6) 珍奇的地质遗迹景观

武陵源回音壁上泥盆系地层中砂纹和跳鱼潭边岩画上的波痕，是不可多得的地质遗迹，不仅可供参观，而且是研究古环境和海陆变迁的证据。分布在天子山二叠系地层中的珊瑚化石，形如龟背花纹，故称"龟纹石"，是雕塑各种工艺品的上好材料。

(7) 多姿多彩的气候景观

武陵源的春、夏、秋、冬，阴、晴，朝、暮，气候万千。云雾是武陵源最多见的气象奇观，有云雾、云海、云涛、云瀑和云彩五种形态。雨后初霁，先是朦胧大雾，继而化为白云，缥缈沉浮，群峰在无边无际的云海中时隐时现，如蓬莱仙岛、玉宇琼楼，置身其间，飘飘欲仙，有时云海涨过峰顶，然后以铺天盖地之势，飞滚直泻，化为云瀑，蔚为壮观。

3. 世界遗产委员会评价

武陵源景色奇丽壮观，位于中国中部湖南省境内，连绵26000多万平方米，景区内最独特的景观是3000余座尖细的砂岩柱和砂岩峰，大部分都有200余米高。在峰峦之间，沟壑、峡谷纵横，溪流、池塘和瀑布随处可见，景区内还有40多个石洞和两座天然形成的巨大石桥。除了迷人的自然景观，该地区还因庇护着大量濒临灭绝的动植物物种而引人注目。

第八章

◉ ◉ ◉

四川省的文化与自然遗产

◉ ◉ ◉ ◉ ◉ ◉ ◉ ◉ ◉ ◉

一、青城山—都江堰

1.遗产概况

青城山位于中国西部四川省都江堰市西南15千米处，距都江堰20千米，距成都68千米。峰峦起伏，蔚然深秀。青城山保护面积1522万平方米，全山以幽洁取胜，与剑门之险、峨眉之秀、夔门之雄齐名。背靠千里岷山，俯临成都平原，层峦叠嶂，属邛崃山脉南段的东支，以八面山（又名赵公山）为主峰，山峦重叠，林木葱茏，有36峰、8大洞、72小洞、108景。景区以"幽甲天下"的自然风景和以道教文化为主的文物古迹闻名全国。

其得名有两种说法，一说此处

"阴阳三十六状排列，林木葱茏，空翠四合，宛如一个绿色城郭"，故名"青城"。另一说是青城山原名"清城山"，典出中国古神话"清虚以守神""清都、紫微，天帝所居也"，唐玄宗颁诏决定将清城山归还道教时，颁诏更名为"青城山"，该诏书刻成石碑，现存在"三皇殿"内。不管哪一种说法较

青城山之天下幽

为准确，"青城天下幽"已是人们公认的美誉。

青城山的保护和繁荣同中国道教在这里的兴起和发展有着密切的联系。早在公元2世纪的东汉时期，张道陵在大邑境内的鹤鸣山学道，用"黄老之学"创立"五斗米道"，又称"天师道"，以老子的《道德经》为主要经典。道教在四川正式建立，青城山便成为天师道发祥地之一，是张道陵天师修真传道的圣地，以后历代相传，日益发展，极盛时全山道教观有70多座。由于道教崇尚自然，主张"清虚自持""返璞归真"，他们把神仙居住之地叫作"同天"，即是指环境特别优美，没有红尘俗事烦扰的修真养性之地。青城山是道教十大洞天中的"第五洞天"。青城山在历代道家维护之下，始终保持了林深山秀、环境清雅，为"青城天下幽"的长存不衰作出了重要的贡献。

青城山现有道教宫观11处，以天师洞为核心，包括建福宫、上清宫、祖师殿、圆明宫、老君阁、玉清宫、天师洞等10余座。建福宫建于唐开元十八年（730年），现

青城山

存建筑为清代光绪年间（1888年）重建。现有大殿三重，分别奉祀道教名人和诸神，殿内柱上的394字的对联，被赞为"青城一绝"。天然图画坊位于龙居山牌坊岗的山脊上，是一座十角重檐式的亭阁，建于清光绪（1875～1909年）年间。这里风景优美，游人到此仿佛置身画中，故将其称为"天然图画"。

这些建筑充分体现了道家追求自然的思想，一般采用按中轴线对称展开的传统手法，并依据地形地貌，巧妙地构建各种建筑。建筑装

饰上也反映了道教追求吉祥、长寿和升仙的思想，这对于深入研究中国古代的道教哲学思想，有着重要的历史和艺术价值。

青城山因其秀丽的自然风光和众多道教建筑而成为天下名山，自古就是游览胜地和隐居修炼之处，文人墨客们留下了珍贵的"墨宝"，为这座名山增添了丰富的人文景观。特别是为数众多的楹联，不但赞美了青城山的美丽，还颂扬了道教思想、道教经典，表达出对中华民族的人文初祖由衷的敬意，以及对国家兴衰、民生荣辱的关注。

都江堰是著名的古代水利工程，位于四川省成都平原西部的岷江上，今都江堰市城西，被誉为"独奇千古"的"镇川之宝"。它处于岷江从山区泻入成都平原的地方。在都江堰建成以前，岷江江水常泛滥成灾。公元前256年，秦国蜀郡太守李冰和他的儿子，吸取前人的治水经验，率领当地人民兴建水利工程。

都江堰建成后，成都平原沃野千里，成为"天府之国"，这项工程直到今天还在发挥着作用，被称为"活的水利博物馆"。

都江堰工程包括鱼嘴、飞沙堰和宝瓶口三个主要组成部分。鱼嘴是在岷江江心修筑的分水堤坝，形似大鱼卧伏江中，它把岷江分为内江和外江，内江用于灌溉，外江用于排洪。飞沙堰是在分水堤坝中段修建的泄洪道，洪水期不仅泄洪水，还利用水漫过飞沙堰流入外江水流的漩涡作用，有效地减少了泥沙在宝瓶口前后的淤积。宝瓶口是内江的进水口，形似瓶颈，除了引水，还有控制进水流量的作用。

此外，都江堰一带还有二王庙、伏龙观、安澜索桥等名胜古迹。

二王庙位于岷江右岸的山坡上，前临都江堰，原为纪念蜀王的望帝祠，齐建武（494～498年）时改祀李冰父子，更名为"崇德祠"。宋代（960～1279年）以后，李冰父子相继被皇帝敕封为王，故而后人称之为"二王庙"。庙内主殿分别供有李冰父子的塑像，并珍藏有治水名言、诗人碑刻等。

伏龙观位于离堆公园内。传说李冰治水时曾在这里降服恶龙，现存殿宇三重，前殿正中立有东汉

都江堰安澜索桥

时期（25～220年）所雕的李冰石像。殿内还有东汉堰工石像、唐代金仙和玉真公主在青城山修道时的遗物——飞龙鼎。

安澜索桥又名"安澜桥""夫妻桥"，始建于宋代以前，位于都江堰鱼嘴之上，被誉为"中国古代五大桥梁"，是都江堰最具特征的景观。索桥以木排石礅承托，用粗竹缆横挂江面，上铺木板为桥面，两旁以竹索为栏，全长约500米。明末（公元17世纪）毁于战火。现在的桥为钢索混凝土桩。

都江堰水利工程以独特的水利建筑艺术创造了与自然和谐共存的水利形式。它创造了成都平原的水环境，由此孕育了蜀文化繁荣发展的沃土。都江堰不但是世界上唯一具有2000多年历史，且至今尚在发挥重要作用的古代水利工程，同时它还是集政治、宗教和建筑精华于一体的珍贵文化遗产。

2.被列入《世界文化遗产名录》的原因

（1）意义。

都江堰是当今世界年代久远、唯一留存、以无坝引水为特征的宏大水利工程。它不仅是中国水利工程技术的伟大奇迹，也是世界水利工程的璀璨明珠。它充分利用当地西北高、东南低的地理条件，根据江河出山口处特殊的地形、水脉、水势，乘势利导，无坝引水，自流灌溉，使堤防、分水、泄洪、排沙、控流相互依存，共为体系，保证了防洪、灌溉、水运和社会用水综合效益的充分发挥。它最伟大之处是建堰2260多年来经久不衰，而且发挥着愈来愈大的效益。都江堰的创建，以不破坏自然资源，充分利用自然资源为人类服务为前提，变害为利，使人、地、水三者高度和谐统一，是全世界迄今为止仅存的一项伟大的"生态工程"。开创了中国古代水利史上的新纪元，标

都江堰

志着中国水利史曾有过的辉煌，在世界水利史上写下了光辉的一页。都江堰水利工程，是中国古代人民智慧的结晶，是中华文化划时代的杰作。

青城山位于都江堰渠首工程南侧，从岸边迅速隆起，主峰海拔2434米，是中国著名的历史名山和国家重点风景名胜区。山东麓有距今约4500年的新石器时代晚期的芒城遗址，在中国同时期古城遗址中实为罕见。这里出土的大量文物，对揭示古蜀文明具有重要意义。早在公元前2世纪，秦王朝即将青城

山列为国家祭祀的18处山川圣地之一。青城山是中国道教的发源地，其地质地貌上以"岩沟谷，赤壁陡崖"为特征，植被茂密，气候适宜，林木葱翠，古观藏趣。龙溪自然保护区位于都江堰渠首工程北侧，其地形从726米逐步抬升，最高峰光光山海拔4582米，形成鲜明的植物带谱。生物多样性丰富、独特，是国宝大熊猫的重要分布地之一。

（2）比较分析。

世界古老的著名水利工程中，古巴比伦王国建于幼发拉底河上的纳尔—汉谟拉比渠和古罗马的人工渠道都早已荒废，只有都江堰独步千古，永续利用，长盛不衰。

青城山—都江堰地处四川成都平原西缘，是四川盆地与青藏高原的结合部，也是中国西部两大地形阶梯的转折点，是两大植物区系的交汇区。保护区内地形复杂，气候多样，为生物的形成和繁衍提供了良好的生态环境。青城山是邛崃山脉的前山带，龙门山脉西南延伸部分，光光山海拔4582米，都江堰宝瓶口海拔726米，相对高差悬殊，大起大落，形成一系列断裂褶皱的

四季常青的青城山

山峰，千姿百态，幽深莫测。青城山集道教文化、古建筑文化、青城武功、青城易学、青城丹法于一山之中，是中国道教名山。青城山是中国道教的发源地，公元143年，道教创始人张道陵创教于青城山中，次年定居天师洞，立24治（教区）。张道陵四世孙张盛后裔在龙虎山建天师府后，历代天师均要到青城山朝祖。青城山是中国道教十大洞天中的"第五大洞宝仙九室之天"，山内有全国最集中的道教宫观建筑群，始于晋，盛于唐，体现了中国西南民俗民风的特色。与公元1416年修建的武当山道教建筑群有所不同，武当山体现的是宫廷建筑特色，青城山的道教建筑群自然、古老和悠久，体现出浓郁的中国西南地方特色和民族习俗。青城山道教自创建至今，宗派繁衍，久盛不衰，香火不断。

（3）真实性与完整性。

都江堰创建时的鱼嘴分水堤、飞沙堰溢洪道、宝瓶口引水口三大主体工程和百丈堤、人字堤等附属工程至今犹存。随着科学技术的发展和灌区范围的扩大，从1936年开始，逐步改用混凝土浆砌卵石技术对渠道工程进行维修、加固，增加了部分水利设施，古堰的工程布局和"深淘滩、低作堰"，"乘势利导、因时制宜"，"遇湾截角、逢正抽心"等治水方略没有改变，都江堰发挥的效益越来越大。截至1998年，灌溉面积达到668700万平方米，同时，为四川50多个大、中城市，数百家工矿企业提供了工业和生活用水，成为世界最佳水资源利用的典范。

保护范围内森林覆盖率达95%以上，植被覆盖率达98%以上，自然景观极为秀美。古树名木，比比皆是，天师洞内一棵1800多年的古银杏树，高50余米，胸径2.3米，主干高4米处围径约20米，1米~5米间木钟乳密集下垂，大小不一，形态各异，蔚为壮观。张道陵曾经居住的天师洞及上清宫、祖师殿、建福宫、圆明宫、玉清宫等全部道教重点宫观，迄今保存完好。以树皮为顶、原木为柱的桥、亭、坪、阁、廊独具特色。隋代石刻张道陵天师像、唐代开元神武皇帝敕书碑和唐代三皇造像、道教经典等珍贵文物保存完好。

（4）提名申报的根据准则。

在世界水利史、中国道教史上具有开创性。

都江堰创建于公元前256年左右，距今已有2268年的悠久历史。2000多年前，秦蜀郡守李冰借鉴前人治水经验，根据当地的地理特点，巧妙地利用岷江出山口处的特殊地形，在恰当的位置选址作堰，利用高低落差，顺应自然规律，在生产工具和施工技术比较落后的情况下，采用热胀冷缩的原理，凿离堆，劈开玉垒山，穿"二江"（郫江、检江，即今走马河、柏条河），化害为利，自流灌溉成都平原，造就了中外闻名的"天府之国"，使成都平原成为中国著名的粮仓。经过2000多年的发展，成为集防洪、灌溉、运输、发电、水产养殖、旅游及城乡工业、生活用水为一体，综合效益巨大的大型水利工程。都江堰悠久的历史和巨大的效益，开创了中国乃至世界水利工程之先河。青城山是中国道教创立的圣地，它按照中华民族独特的文化形态进行创新，逐步发展壮大，具有突出的文化价值和前所未有的开创性。

在世界科学技术史上独树一帜。

李冰主持创建的都江堰，正确处理了鱼嘴分水堤、飞沙堰溢洪道、宝瓶口引水口等主体工程的关系，使其相互依赖，功能互补，巧妙配合，浑然一体，形成布局合理的系统工程，联合发挥分流分沙、泄洪排沙、引水疏沙的重要作用，使其枯水不缺，洪水不淹。具体地说，利用鱼嘴分水堤从岷江引水灌溉，枯水期，自动将岷江60%的水引入内江，40%的水排入外江；洪水时，又自动将60%的水排入外江，40%的水引入内江。都江堰建于岷

李冰父子雕像

江弯道处，江水至都江堰，含沙量少的表层水流向凹岸，含沙量大的底层水流向凸岸，将洪水冲下来的沙石大部分从外江排走。进入内江的小部分沙石，利用伸向江心的虎头岩的支引、宝瓶口的节制和"离堆"的顶托，将大部分沙石从飞沙堰、人字堤排入外江，使宝瓶口引水口和灌区干流免遭泥沙淤塞；利用宝瓶口引水口控制进水量，既保证了灌溉用水，又防止了过量洪水涌入内江灌区，造成灾害。都江堰能自动调节进入灌区的水量，使成都平原"水旱从人"，成为天府粮仓。都江堰是成功运用自然弯道形成的流体引力来自动引水、泄洪、排沙的典范。建堰时，李冰还在江中埋石马作淘滩标志，立"三石人"观察水情消长，开创了中国古代水情测量的先例。历代对都江堰水利工程都非常重视，逐步完善了管理机构，建立了岁修、防洪等维护制度，积累和总结了"六字诀""三字经""八字格言"等宝贵的治水经验，使古堰持续发展，相沿不废。2000多年前，都江堰取得这样伟大的科学成就，世界绝无仅有，至今仍是世界水利工程的最佳作品。1972年，德国地理学家李希霍芬称赞"都江堰灌溉方法之完善，世界各地无与伦比"。1986年，国际灌排委员会秘书长弗朗杰姆、国际河流泥沙学术会的各国专家参观都江堰后，对都江堰科学的灌溉和排沙功能给予高度评价。1999年3月，联合国人居中心官员参观都江堰后，建议都江堰水利工程参评2000年联合国"最佳水资源利用和处理奖"。

对后世产生了巨大影响。

自中国道教在青城山创建以来，道脉繁衍，逐步从山中扩大到山外，乃至全国，以后历代龙虎山的天师多来青城山朝祖。晋时，青城山为巴蜀道教中心。青城山道士杜光庭对老子理论进行注释和传播，对道教理论进行研究整理，被道教界称为"扶宗立教，天下一人"。1995年，全国全真派传戒教务法会在青城山举行。由此可见，青城山道教对中国道教具有不可估量的影响。都江堰水利工程的创建，是中华民族卓越智慧的伟大创造，是科学管理和维护的结晶。李冰汲取古蜀民族的治水经验，就地取材，采用"竹笼""杩槎""干砌卵石""羊圈"等独特的工程技

青城山是中国道教发源地

术，年年进行防洪和岁修，费省效宏。都江堰这一独创的河工技术，被广泛运用于黄河流域和珠江流域的防洪抢险之中。自汉代以来，在治理突发性洪灾中，发挥了不可替代的作用，这种科学原理至今仍作为抗洪抢险的先进方法而被广泛运用。都江堰是中国水利工程技术划时代的杰作。

青城山是中国道教的发源地。

公元143年（汉安二年），道教创始人张道陵来青城山赤城崖舍，用先秦"黄老之学"创立了"五斗米道"，即"天师道"，张道陵"羽化"山中，青城山便以道教发源地和天师道祖山、祖庭名标史册。汉晋之际，道教逐步兴旺，范长生移居青城山，助李雄建立成汉政权，蜀中一时安定繁荣，天师道成为成汉政权和蜀民的精神支柱。公元618年~907年间，唐王朝崇奉道教，中国道教进入一个繁盛时期，青城山尤其兴旺。唐僖宗封青城山为希夷公，亲草祭文，命青城山修灵宝道场周天大醮，设醮位2400个（道士设坛做法事）。至此，中国道教发展进入鼎盛时期，

山中道观达40多处，先后演变成7个教派。9世纪晚期，道教学者杜光庭对各派道法进行深入研究，圆融各派，成为一代宗师。他居青城近30年，著述约30部250多卷，是道教理论集大成者，影响遍及中国道教名山和东南亚各国，成为"道门领袖"之一。五代时，道教音乐进入宫廷。青城道士张孔山传谱的古琴曲《流水》，1977年被美国录入镀金唱片，由"旅行者二号"太空飞船带入太空，在茫茫宇宙寻觅人类知音。现在，青城山仍是弘扬中国道教文化的主要场所。中国道教协会于1995年在青城山举行中国全真派第二次传教法会，全国各大道教名山住持参加传戒。青城山住持、中国道教协会会长傅圆天被推举为"全真律坛嗣天仙正宗第23代傅圆天大律师"。青城山道教古建筑群至今保存完好，不可多得。

是全世界亚热带山地生物多样性保护最完整的地区。

青城山—都江堰地处横断山北段川西高山峡谷这一世界生物多样性关键区域内，地质构造复杂，是四川盆地向青藏高原的过渡带，山峦起伏，坡陡谷深，气候温暖湿润，地质历史悠久，生物种类繁多。

3.世界遗产委员会评价

建于公元前3世纪，位于四川成都平原西部的岷江上的都江堰，是中国战国时期秦国蜀郡太守李冰及其子率众修建的一座大型水利工程，是全世界迄今为止，年代最久、唯一留存、以无坝引水为特征的宏大水利工程。2000多年来，它至今仍发挥巨大效益。李冰治水，功在当代，利在千秋。都江堰不愧为文明世界的伟大杰作，造福人类的伟大水利工程。

青城山是中国道教的发源地之一，属于道教名山。建福宫，始建于唐代，规模颇大。天然图画坊，是清光绪年间建造的一座阁。天师洞，洞中有"天师"张道陵及其三十代孙"虚靖天师"像。现存殿宇建于清末，规模宏伟，雕刻精细，并有不少珍贵文物和古树。

二、九寨沟

1.遗产概况

九寨沟风景名胜区位于中国西

部四川省阿坝藏族羌族自治州九寨沟县，是一条纵深40余千米的山沟谷地，因9个藏族村寨坐落在这片高山湖泊群中，因而被称为"九寨沟"。九寨沟以"童话世界""梦幻仙境"而著称。全区面积约720平方千米，大部分为森林所覆盖，地处岷山山脉南段尕尔纳峰北麓，是长江水系嘉陵江源头的一条支沟，也是青藏高原向四川盆地过渡的地带，地质结构复杂。这里高差悬殊、气候多样、山明水秀。碧绿晶莹的溪水好似项链般穿插于森林与浅滩之间。色彩斑斓的湖泊和气势宏伟的瀑布令人目不暇接。有长海、剑岩、诺日朗、树正、扎如、黑海六大景区。以翠海、叠瀑、彩林、雪峰、藏情这五绝而驰名中

九寨沟风景

外。

九寨沟堪称大自然鬼斧神工的杰作，一向被当地藏民视为"神山圣水"。风景名胜区对外开放后，东方人称九寨沟为"人间仙境"，西方人则把它誉为"童话世界"。

原始森林覆盖了九寨沟一半以上的土地。林中植物种类繁多，现有天然森林近30000万平方米，植物2000余种。多种野生动物繁衍栖息于此，其中包括脊椎动物170种、鸟类141种，属国家保护的有17种。林地上积满厚厚的苔藓，散落着鸟兽的羽毛，充满了原始森林的风貌，使人仿佛置身于美妙的世外天地。

在青山环抱的"Y"字形分布的树正、日则、则查洼三条沟谷总称九寨沟，属世界高寒喀斯特地貌。9个村寨和被称为"海子"的高原湖泊仿佛一面面明亮的镜子，又如一块块莹润的碧玉，神奇地镶嵌在雪山森林深处。则查洼沟的尽端是长湖，日则沟的尽端是草湖，两沟由南向北在诺日朗合为树正沟。两沟尽端湖泊至树正沟口高差达1000余米，其间有呈梯级分布

卧龙海——九寨沟最靓美丽的风景

的大小湖泊114个，湖泊之间有17个瀑布群、11段激流、5处钙化滩流，众多的湍流、滩流和瀑布群珠联玉串，逶迤50余千米，形成了以高山湖泊群、瀑布群以及钙化滩流为特色，集湖、瀑、滩、流、雪峰、森林、藏族风情为一体的人间仙境。这里，湖水清澈艳丽，飞瀑多姿多彩，急流汹涌澎湃，林木青葱婆娑，雪峰洁白晶莹。蓝色的天空，明媚的阳光，清新的空气和点缀其间的古老原始的村寨、栈桥、磨坊，组成了一个内涵丰富和谐统一的美的环境，体现了高度的综合美。

这里山明水秀，湖瀑一体，山、林、云、天倒映水中，更增添了水中迷人的景色。水色使山林更加青葱，山林使水色更为娇娆。湖水从树丛中层层跌落，形成了湖下有瀑，瀑泻入湖，湖瀑相生，层层叠叠，相衔相依的动人景观。宁静翠蓝的湖泊和洁白飞泻的瀑布构成了静中有动，动中有静，动静结合，蓝白相间的奇景。树在水边长，水在林中流，水树交融的特殊的生态环境，给九寨沟增添了无限生机。

九寨沟的景观序列犹如一部气势磅礴的交响乐，给人留下了难以忘怀的美的感受。九寨沟口海拔为2000米，到了主沟顶部的长湖和草湖，海拔逐渐升高到3000米左右。

九寨沟瀑布

其间，景观也在不断地变化，由低到高、由简到繁、由序幕到高潮，步步引人入胜。

沟口至荷叶坝，长约7千米，林木葱茏，溪流欢唱，芦苇丛生，鸟语花香。从荷叶坝到树正景区，空间豁然开朗。面积约3平方千米的树正景区，是九寨风光的集中表现。沿沟叠延的40多个海子（堰塞湖），延绵约5千米。大小19个碧树相绕、群瀑飞泻的树正群湖和树正群瀑，个个如水晶一样明澈。因每个海子深度、沉积物和临岸景物不同，各自在色度上有差异，使片片彩池都有特征。芦苇海，一片水乡泽国，是飞禽野鸟栖息的理想场所。犀牛海，不亏不盈，碧蓝如玉，是划船、撑筏和游泳的好地方。

从树正景区上行到清澈透明、水面宽阔的犀牛湖，给人以美丽而宁静的感受。过了犀牛湖，宽阔的诺日朗瀑布似悬挂在绿色树林中的白色幕帘，展开了乐曲的精华片段。自诺日朗瀑布到竹海，面积约3平方千米。在这个区域内，集中了长湖、镜湖、五花湖、五彩池、

九寨沟五花池

熊猫湖、天鹅湖、草湖等主要湖泊和九寨沟三个最大的瀑布、最宽阔的钙化流滩和茂密的天然森林。瀑宽320米的诺日朗瀑布为中国最宽的瀑布，位于九寨沟中部，是九寨沟的象征。宽310米、高28米的珍珠滩瀑布和珍珠滩紧紧相连，瀑面呈新月形，宽阔的水帘似拉开的巨大环形银幕，瀑声雷鸣，飞珠溅玉，气势磅礴。高78米、宽50米的熊猫湖瀑布，为九寨沟落差最大的瀑布，每逢冬季冰冻时节，璀璨耀眼的冰晶世界，蔚为壮观。巨大的钙化流滩——珍珠滩，滩面湍急的水流激起无数的浪花，在阳光的照射下，宛若无数滚动的珍珠。而在古木参天、苔藓遍地的长湖和闩则

沟的天然森林内，神秘之感油然而生。这些景点都是九寨沟最为突出的景点，每一个景点都给人以强烈的美的感受，使人激动不已。九寨沟景点排列有序，高低错落，，转接自然，如诗如画，更增添了综合美感。而九寨沟数十平方千米的游览区内，景点之多、景观之美、内容之丰富，则更属罕见。

剑岩景区面积约1平方千米，有天鹅海、剑岩和雪山、原始森林，有幸者可遇大熊猫出没其间。则查洼沟长约17.8千米，是九寨沟最长、最高的一条沟。沟尽头的长海，长约8千米，是九寨沟最大的海子，冬季湖水结冰厚达60厘米。九寨沟最艳丽的海子五彩池，深藏于密林中，五彩斑斓。

九寨沟的湖泊大多紧傍森林，水质清澈晶莹。天光、云影、雪峰、彩林倒映湖中，镜像清晰，倒影和湖水融合，使湖水更加艳丽。随着朝夕之变化和春夏秋冬、阴晴雨雪之变化，湖水也随之变成黛绿、深蓝、翠蓝等多种颜色。更为奇特的是，五花湖底的钙化沉积和各色泽艳丽的藻类，以及沉水植

九寨沟镜海风光

物的分布差异，使一湖之中形成了许多斑斓的色块，宝蓝、翠绿、橙黄、浅红，似无数块宝石镶嵌成的巨型佩饰，珠光宝气，雍容华贵。金秋时节，湖畔五彩缤纷的彩林倒映在湖面，与湖底的色彩混合成了一个异彩纷呈的彩色世界。其色彩之丰富，甚至超出了画家的想象力。黄昏时分，火红的晚霞映入水中，湖水似金星飞溅，彩波粼粼，绮丽无比。

九寨沟莽莽的林海，随着季节的变化，也呈现出瑰丽的色彩。初春的山间丛林，红、黄、紫、白各色杜鹃点缀其间其后，山桃花、野梨花相继吐艳，夹杂着嫩绿的树木新叶，使整个林海繁花似锦。盛夏是绿色的海洋，新绿、翠绿、浓绿、黛绿，绿得那样青翠，显示出

旺盛的生命力。深秋，深橙色的黄栌，浅黄色的椴叶，绛红色的枫叶，殷红色的野果，深浅相间、错落有致，真可谓万山红遍，层林尽染，在暖色调的衬托下，湖水显得更蓝，蓝天、白云、雪峰、彩林倒映于湖中，呈现出光怪陆离的水景。入冬，白雪皑皑，冰瀑、冰幔晶莹洁白；莽莽林海，似玉树琼花，银装素裹的九寨沟显得洁白、高雅，像是置放在白色瓷盘中的蓝宝石，更加璀璨夺目。

九寨沟的景观，类多景异，湖、瀑、滩、泉，一应俱全，异彩纷呈。湖有孤处、有群置，或浩荡、或娟秀，有的以倒影取胜，有的则以色彩称雄。瀑布宽者达300余米，高者近80米，气势恢宏的，有如银河天落；轻柔飘逸的，有如天女散花。滩，有的如盆景列表，有的如珍珠飞溅。条条激流，股股飞泉，层层烟雾，阵阵涛声，不绝于耳。九寨沟真可谓集水形、水色、水姿、水声于一体，揽尽了天下水景之美态。

九寨沟的水景不论从哪个视点和角度，都能呈现出极为美丽的画面，加之周围的山峦、林水、藏族风情等造景因素的融合，使九寨沟成了画家、文学家和摄影家最理想的创作源泉，也成为了电影、电视创作的题材。

九寨沟的奇山异水，立体交叉，四维渗透，融色美、形美、声美于一体，构成了一幅多层次、多方位的天然画卷，使人在视觉、听觉、感觉协调一体的幻意中，陶醉在最高的、最美的享受里。

九寨沟为多种自然要素交汇地区，山地切割较深，高差悬殊，植物垂直带谱明显，植物资源丰富。现有天然森林近30000万平方米，有高等植物2576种，国家保护植物24种；低等植物400余种，其中藻类植物212种，首次在九寨沟发现的藻类达40余种。植被类型多样，

九寨沟长海

诺日朗瀑布——中国最宽的瀑布

隐藏着不同气候带的地带性植被类型。植物区系成分十分丰富，许多古老的孑遗植物保存良好，单型属、少型属分别占植物总数的3.3%及13.73%。形态原始的连香树、金连花、独叶草等对于研究植物系统的演化以及植物区系的演变均有一定的科学价值。九寨沟多种野生动物繁衍生息于此，包括脊椎动物170种、鸟类141种，属国家保护的野生珍稀动物资源共有17种。一类保护动物有大熊猫、牛羚、金丝猴等；二类保护动物有毛冠鹿、白唇鹿、小熊猫、猕猴、红腹角雉、绿尾红雉、大天鹅等；三类保护动物有鬣羚、斑羚、碉羊、蓝马鸡、血雉等。

1982年，中华人民共和国国务院审定九寨沟为国家重点风景名胜区。1992年12月，九寨沟被联合国教科文组织作为自然遗产列入《世界遗产名录》。1995年10月，九寨沟又荣获联合国人与生物圈委员会颁发的《中国人与生物圈保护区》证书。

2.自然遗产

九寨沟以高原钙化湖群、钙化瀑群和钙化滩流等水景为主体的奇特风貌，其水景规模之巨、景型之多、数量之众、形态之美、布局之精和环境之佳等指标综合鉴定，位居中国风景名胜区水景之冠。

九寨沟以明朗的高原风光为基调，融翠湖、叠瀑、秋林、雪峰于一体。号称"人间仙境"的九寨沟历来被当地藏民视为"神山圣水"，沟内山、水、林、石均为藏民所崇拜和保护的对象。

九寨沟地处青藏高原向四川盆地过渡的地带，地质背景复杂，碳酸盐分布广泛，褶皱断裂发育，新构造运动强烈，地壳抬升幅度大，多种营力交错复合，造就了多种多样的地貌，发育了大规模喀斯特作用的钙化沉积，以植物喀斯特钙化沉积为主导，形成了九寨沟艳丽典雅的群湖，奔泻湍急的溪流，飞珠溅玉的瀑群，古穆幽深的林莽，连绵起伏的雪峰，这些地貌景观的和谐组合，构成独具特色的风景名胜区。

九寨沟角峰峥嵘，刃脊崔嵬，冰斗、"U"字谷十分典型，悬谷、槽谷独具风韵。槽谷伸至海拔2800米的地方。谷地古冰川丰富，成为我国第四纪冰川保存良好的地方之一。

3.美学价值

九寨沟是大自然的杰作。山青葱妩媚，水澄清缤纷，山偎水，水绕山，树在水边长，水在林中流，山水相映，林水相亲，景色秀美，环境清新，集色美、形美、声美于一体的综合美、原始美的和谐统一，是人类风景美学法则的最高

黄龙彩色梯湖——五彩池

境界。

九寨沟四周峰簇峥嵘、雪峰高耸，在青山环抱的"Y"字形山沟内，分布着114个梯级湖泊，由许多湍流、滩流和瀑布群相连，珠联玉串，逶迤50余千米，湖水清澈艳丽，飞瀑多姿多彩，急流汹涌澎湃，林木青葱婆娑，雪峰洁白晶莹，蓝色的天空，明媚的阳光，清新的空气和点缀其间的古老原始的村寨、栈桥、磨坊，组成了一个内涵丰富和谐统一的美的环境，体现了高度的综合美。

4.世界遗产委员会评价

九寨沟位于四川省北部，绵延超过720平方千米，曲折狭长的

九寨沟山谷海拔超过4800米，因而形成了一系列形态不同的森林生态系。它壮丽的景色因一系列狭长的圆锥状喀斯特岩溶地貌和壮观的瀑布而更加充满生趣。沟中现存140多种鸟类，还有许多濒临灭绝的动植物物种，包括大熊猫和四川扭角羚。

三、黄龙

1. 黄龙简介

黄龙风景名胜区位于中国西部四川省阿坝藏族羌族自治州松潘县境内，与九寨沟毗邻。黄龙风景名胜区内的8处钙化彩池群被上海大世界吉尼斯总部认定为"规模最大的钙化彩池群"。黄龙钙化彩池群外观艳丽、成因奇特，彩池总数达3400个，总面积21056平方米。黄龙风景名胜区处于三大地质构造单元的结合部，地理状况特别复杂。整个风景名胜区总面积1340平方千米，区内雪峰林立，海拔5000米以上的就有7座。黄龙是以奇特的地质地貌、绚丽的高原风光和特异的民族风情为基调而著名的综合景观，以奇、雄、峻、野的风景特色

蜚声中外。在这里，高山摩天、峡谷纵横、丛林莽莽、碧水荡漾，其间镶嵌着精巧的池、湖、滩、瀑、泉、洞等各类钙化景观，点缀着神秘的寨、寺、耕、牧、歌、舞等各族乡土风情。它们景类齐全、景形特异，其有机和谐的景观组合，在高原特有的蓝天白云、艳阳骤雨和晨昏季相的烘染下，呈现出动态神奇的天然景象，构成了壮观的"人间仙境"和绮丽的"人间瑶池"，展示出一幅幅神奇虚幻的画卷。

岷山主峰雪宝顶海拔5588米，从顶峰流下的雪水汇聚成溪，沿石钟乳山坡倾泻而下，跌宕起伏，形成众多的瀑布悬流，这些瀑布泻落至山腰处，便散落聚积，从而在黄龙沟内形成了3000余个碧透斑斓的彩池，大者千余平方米，小者仅几平方米，千姿百态。池水清净，深浅不一，有的地方色彩鲜艳，仿佛彩锦。这一奇特壮观的梯状彩池群，正像人们想象中的瑶池仙境一般。

著名的黄龙沟背倚岷山主峰雪宝顶，下临涪江源流——涪源桥，是一条长7.5千米，宽1.5千米

的缓坡沟谷。沟内布满乳黄色岩石，远望好似蜿蜒于密林幽谷中的黄龙，黄龙沟名即来源于此。明代（1368～1644年）在此修建了黄龙寺，用以奉祀黄龙。黄龙沟以它"奇、绝、秀、幽"的自然景观而蜚声中外。

黄龙风景名胜区还有珍贵的动植物资源。这里的1500余种高等植物多为中国所特有，其中属国家一至三级保护植物的有11种。珍稀动物有大熊猫、金丝猴、牛羚、云豹等国家重点保护动物。

2.自然遗产

（1）巨型的地表钙化景观。

黄龙以规模宏大、类型繁多、结构奇巧、色彩丰艳的地表钙化景观为主景，在中国风景名胜区中独树一帜，成为中国一绝。综合景观出类拔萃，黄龙是以绚丽的高原风光和特异的民族风情为综合景观的基调。高山摩天、峡谷纵横、莽林苍苍、碧水荡荡，其间镶嵌着精巧的池、湖、滩、瀑、泉、洞等各类钙化景观，点缀着神秘的寨、寺、耕、牧、歌、舞等各族乡土风情。它们景类齐全、景形特异，但又有

机组合，整体和谐，在高原特有的蓝天白云、艳阳骤雨和晨昏季相的烘染下，呈现出一派时时处处皆景，动态神奇无穷的天然画境。

（2）人间瑶池。

黄龙风景区面积700平方千米，由黄龙本部和牟尼沟两部分组成。黄龙本部主要由黄龙沟、丹云峡、雪宝顶等景区构成，牟尼沟部分主要是扎嘎瀑布和二道海两个景区。

以罕见的岩溶地貌蜚声中外的主景区黄龙沟，位于岷山主峰雪宝顶下，长3600米，宽30米～170

黄龙自然风光

米，呈宽谷形。因从入口处的涪源桥至沟顶的浴玉池，整个山谷地表几乎全被乳黄色的碳酸钙质厚厚覆盖，在阳光照射下，从高处看去，宛若一条从岷山雪峰飞腾而下的金黄色巨龙，蜿蜒奔腾于翠谷林海之间，故名黄龙。

从海拔5588米的岷山主峰雪宝顶顶峰流下的雪水汇聚成溪，沿石钟乳山坡倾泻而下，跌宕起伏，形成众多的瀑布悬流，这些瀑布泻落至山腰处，便散落聚积，从而在黄龙沟内形成了随处可见的各种类型的钙化景观。如钙化池、钙化滩、钙化瀑布、钙化洞穴、钙化堤等。其中最吸引人的要算钙化彩池了。彩池有8群，3000余个，碧透斑斓，大者千余平方米，小者仅几平方米，千姿万态。它们有的像玉盘；有的如明镜；有的似翡翠，似彩碟。其造型之精美，色彩之绚丽，非鬼斧神工而不能琢成。身临其境，又如进入九天之上，瑶池之中。金黄蜿蜒的钙化滩流，连接着成百上千个千姿百态、斑斓夺目的钙化彩池。

黄龙的彩池、瀑布、雪山、峡谷等自然奇观，都是镶嵌在茫茫原始林海之中。森林垂直分布在海拔1700米～3800米之间，面积广，林相结构好，季相变化强，其中大部分为原始森林。它们多为乔、灌、藤、草、苔立体构成，针阔混交，花木相间，夏绿秋红更迭，加上池湖山壁的映照，云雾雨雪的装点、日光月色的浸染以及风涛鸟鸣的烘托，使黄龙森林景观多姿多彩、如梦如幻。

黄龙沟内原有前、中、后三座寺庙。前寺现仅存遗址；中寺共五殿，占地约5100平方米，现存观音殿及殿内十八罗汉塑像；后寺位于黄龙沟尽头，庙宇建筑基本保存完好。相传黄龙助禹治水有功，后人为祭祀而在此修庙立碑。另一说是因黄龙在此修道成仙而修黄龙寺。现寺内正殿塑有身披玄色道袍、神态安详的黄龙真人坐像。距后寺背面不到100米，有一龙王庙。每年农历六月十五日为黄龙寺庙会，届时，藏、羌、回、汉各族群众便携带帐篷、炊具、食品来此赶会。人们登山饱览大自然美景，祈祷吉祥和丰收，青年男女更在这里相互倾诉爱慕之情。黄龙庙会已成为各族群众团结友爱的盛会。

牟尼沟的扎尕支沟，林密水丰。高93.2米，宽35米的巨大钙化瀑布，坐落在茂密的原始森林中。巨大的溪水自钙化瀑布顶端奔腾倾泻，气势磅礴，似银河跌落，声震山谷。瀑下合池层叠，溪谷幽深，令人流连忘返。

二道海支沟幽深神秘，湖中湖自然景观独具，奔放豪爽的自然美景使人陶醉。

美国国家公园高级官员欧伯特观赏了黄龙奇观后，赞叹道："这里有似加拿大的大雪山、怀俄明州的峡谷、科罗拉多的原始森林、黄石公园的钙化彩池，多类景观，集中一地，世所罕见。黄龙不仅是中国人民的财富，也是全人类的宝贵财富。"

（3）过渡状态的地理结构。

黄龙在空间位置上处于单元间的交接部位；构造上它处在扬子准台地、松潘—甘孜褶皱系与秦岭地槽褶皱系三个大地构造单元的结合部；地貌上属中国第二地貌阶坎前位，青藏高原东部边缘与四川盆地西部山区交接带；水文上为涪江、岷江、嘉陵江三江源头分水岭；气候上处于北亚热带湿润区与青藏高原—川西湿润区界边缘；植被上处于中国东部湿润森林区向青藏高原高寒亚高山针叶林草甸草原灌丛区过渡带；动物亦处南北区系混杂区。风景区内，又为东西向雪山断裂、虎牙断裂和南北向岷山断裂、扎尕山断裂，交叉切错，而且黄龙本部与牟尼沟景区在岩性、层序、沉积等古地理条件和地层构造、构造形迹上均有较大差异。这种空间位置的过渡状态，造成自然环境上的复杂性，蕴涵着不少未解之谜，为各学科提供了探索自然奥秘的广阔天地。

（4）世界罕见的钙化景观。

黄龙钙化景观，类型齐全，钙化边石坝彩池、钙化滩、钙化扇、钙化湖、钙化塌陷湖、坑，以及钙化瀑布、钙化洞穴、钙化泉、钙化台、钙化盆景等一应俱全，是一座名副其实的天然钙化博物馆。它规模巨大：黄龙沟连绵分布钙化段长达3600米，最长钙化滩长1300米，最宽170米；彩池数多达3400余个；边石坝最高达7.2米；扎尕钙化瀑布高达93.2米。这些都属中国之最，世界无双。它分布集中：在全区广阔的碳酸盐地层上，钙化奇观仅集中分布在黄龙沟、扎尕沟、二道海等四条沟谷中，海拔3000米～3600米高程段。区内黄龙沟、二道海、扎尕沟分别处于钙化的现代形成期、衰退期和蜕化后期，为钙化演替过程的研究提供了完整现场。它组合精巧：在黄龙沟3600米区段内，同时组接着几乎所有钙化类型，并巧妙地构成一条金色"巨龙"，腾翻于雪山林海之中，实为自然奇观。

（5）中国最东的冰川遗存。

黄龙地区海拔3000米以上，广泛发育着清晰的第四纪冰川遗迹，其中以岷山主峰雪宝顶地区最为典型。其特点是类型全面，分布密集，最靠东部。此区山高范围广，峰丛林立，单5000米以上高峰就达7座，其中发育着雪宝顶（5588米）、雪栏山（5440米）和门洞峰（5058米）三条现代冰川，使此区域成为中国最东部的现代冰川保存区。主要冰蚀遗迹有角峰（分布

于海拔4000米以上）、刃脊（3800米以上）、冰蚀堰塞湖（3900米以上）等；主要冰碛地貌有终碛、侧碛、底碛等，分布于各冰川谷中，其中终碛主要分布高程为3000米～3100米、3550米～3650米、3750米～3850米。现代冰川和古冰川遗迹及其与钙化之间的关系等，均具有重要的科研价值。

（6）典型而完整的高山峡谷江源地貌。

黄龙地区地貌总体特征是山雄峡峻。其特点是角峰如林，刃脊纵横；峡谷深切，崖壁陡峭；枝状江源，南直北曲。黄龙高度范围在海拔1700米～5588米，一般峰谷相对高差千米以上，3700米～4000米以上多为冰蚀地貌，气势磅礴，雄伟壮观。黄龙多喀斯特峡谷，空间多变，崖峰峻峭，水景丰富，植被繁茂。依谷底形态分，有丹云喀斯特溪峡，扎尕钙化森林峡和二道海钙化叠湖峡等数种。黄龙境内涪江江源为一主干东西树枝状水系，上游河床宽平，下游峡谷深曲，南侧支流平直排列，北侧支流陡曲排列，形成上宽下深、南直北曲的独特江

源风貌。

（7）生物种质资源宝库。

黄龙是天然植物种质资源的绿色宝库。区内有高等植物1500余种，大部分为中国特有种，属国家一至三类保护的植物有四川落叶松、岷山冷杉、独叶草、星叶草等11种。许多植物具有重要的科研、药用和经济价值。

黄龙所处地理位置特殊，使之成为大熊猫等野生动物栖息和繁衍的理想地区，特点是珍稀动物品种多，南北动物混杂现象突出，还有当地特有种群。其中有兽类59种，鸟类155种，属国家一至三类保护的动物有大熊猫、金丝猴、牛羚、云豹、白唇鹿、红腹角雉等近百种。对于"活化石"大熊猫生态的研究，有助于揭示自然生态的深层奥秘。

（8）优质的矿泉水和温泉。

黄龙矿泉水出露于牟尼沟景区。流量0.58升/秒，水温9.5℃~9.8℃，pH值6.3，矿化度1159毫克/升。经国家有关部门鉴定，为锶、二氧化碳优质天然饮用矿泉水。此外，牟尼沟景区二道海

沟，还出露一温泉群，水温22℃左右，大泉喷出水柱高达30厘米以上，含硫0.16毫升/升。

1982年，黄龙风景名胜区被列为中国国家级重点风景名胜区。1992年，黄龙风景名胜区被联合国教科文组织作为自然遗产列入《世界自然遗产名录》。2000年，黄龙风景名胜区又被列入联合国人与生物圈保护网络。

3.世界遗产委员会评价

黄龙风景名胜区，位于四川省西北部，是由众多雪峰和中国最东部的冰川组成的山谷。在这里人们可以找到高山景观和各种不同的森林生态系，以及壮观的石灰岩构造、瀑布和温泉。这一地区还生存着许多濒临灭绝的动物，包括大熊猫和四川疣鼻金丝猴。

四、峨眉山—乐山大佛

1.遗产简介

峨眉山风景名胜区，包括乐山大佛，简称峨眉山。峨眉山—乐山大佛具有很高的历史、美学、科普和观光游览价值，是全人类的共同财富。

峨眉山又称"大光明山"，位于中国西部四川省的中南部，地处四川盆地向青藏高原过渡地带，主峰金顶的最高峰万佛顶，海拔3099米。相对高差近2600米。面积154平方千米，外围保护区域面积为469平方千米。峨眉山以优美的自然风光和神话般的佛国仙山而驰名中外，美丽的自然景观与悠久的历史文化内涵完美结合，相得益彰，构成了峨眉山"雄、秀、神、奇"的特色，素有"植物王国""地质博物馆""佛国仙山"之称，享有"峨眉天下秀"的盛誉。

雄、秀、神、奇的自然景观。峨眉山在成都平原西部边缘拔地而起，主峰金顶绝壁凌空，高插云霄，巍然屹立。登临其间，可西眺皑皑雪峰，东望莽莽平川，气势雄而景观奇，有云海、日出、佛光、圣灯四大奇观。中部群山峰峦叠嶂，含烟凝翠，飞瀑流泉，鸟语花香，草木茂而风光秀。植被垂直带谱明显，由山麓至顶可经历亚热带至寒带的气候和观赏多种带谱的植物景观。雄伟的山体景观与秀丽的植物景观以及神奇的气象景观有机地融合，在中国名山中实属罕见。

中国地质史上中生代末期的燕山运动奠定了峨眉山地质构造的轮廓，新构造期的喜马拉雅运动，及其伴随的青藏高原的强烈抬升造就了雄秀壮丽的峨眉山的现代地貌。其中保留了典型的沉积相标志和大

峨眉山金顶朝晖

量生物化石，为研究沉积相，复原古环境，进行全球生物地层学及生物地理学研究提供了重要地质资料，是中外学者进行地学科研的基地。

峨眉山的现代地貌，是新构造期地壳抬升与地表夷平两个相反方向作用力共同作用的结果。不同的构造——岩石地层背景产生不同的地貌成因类型。其主要类型有：构造地貌、流水侵蚀地貌、岩溶地貌和构造剥蚀台地等。多样的地貌类型产生了多样的自然地貌景观。从而使峨眉山赢得了"秀甲天下"的赞誉。

珍贵的动植物宝库。峨眉山处于多种自然要素的交汇地区，这里区系成分复杂，生物种类丰富，特有物种繁多，保存有完整的亚热带植被体系，森林覆盖率达87%。峨眉山有高等植物242科，3200多种，约占中国植物总数的1/10，其中仅产于峨眉山或在峨眉山发现，并以峨眉定名的植物就达100余种。其中药用植物达1600多种，花卉植物500余种，仅世界几大名花之一的杜鹃花属植物，就拥有杜鹃花29种之多，轻工、化工、食用

等植物600种以上，其他樟科、木兰科、山茶科、蔷薇科、虎耳草科等种类都非常丰富。保存有1000年以上古树崖桑、连香树、梓、柿、栲、黄心夜合、白辛树、百日青、冷杉等重要的林木种质资源。峨眉山被国家首批列为保护的植物达31种，占全国列级保护植物总数的10%。从低至高由常绿阔叶林—常绿与落叶阔叶混交林—针阔叶混交林—亚高山针叶林形成了完整的森林垂直带谱，构成了峨眉山自然景观的多样性，而且是当今世界亚热带山地保存最完好的原始植被景观。峨眉山植物区系的复杂性更反映在组成上既有中国—日本植物区系成分，又有中国—喜马拉雅植物区系成分，而且热带、亚热带植物成分和温带植物成分都在这里交会、融合形成奇特的自然景观，如热带、亚热带常绿树种栲、石栋、木荷、枬木等可上升至海拔2200米以上，居于寒湿性、温性的冷杉、铁杉等可下延至海拔1800米，与温性杉、桦等构成一体，形成峨眉山山地特殊的色彩斑斓的五花林又称针阔混交林带。

峨眉山在如此狭窄的区域范围内蕴藏着丰富的植物种质资源和完整的植被类型，这在中国乃至世界都是不可多见的，因此峨眉山植物一直受到中外植物学家和植物爱好者的重视、青睐和向往。

此外，峨眉山还是多种稀有动物的栖居地，已知动物2300多种。其中珍稀特产和以峨眉山为模式产地的有157种，国家级保护的29种。兽类中的小熊猫，又名"红色熊猫"，已列入1974年颁布的《濒危野生动植物种国际贸易公约》附录H物种。鸟类中蜂鹰、凤头鹰、松雀鹰、白鹏、斑背燕尾等9种，均为20世纪60年代中国四川省动物种质的新纪录。昆虫中的蝴蝶达268种之多，属于峨眉山特产的多达53种，珍稀的英雄基凤蝶和中华枯叶蛱蝶等尤为罕见。两栖类的峨眉昆蟾、金顶齿突蟾、峨眉树蛙、峰斑蛙等多达13种。寡毛类的环毛蚓、峨眉山杜拉蚓等多达15种，是峨眉山的一大优势。

这里是研究世界生物区系等具有特殊意义问题的重要地点。

乐山大佛古称"弥勒大像""嘉定大佛"，始凿于唐代开元初年（713年），历时90年才得以完成。佛像依山临江开凿而成，是世界现存最大的一尊摩崖石像，有"山是一尊佛，佛是一座山"的称誉。大佛为弥勒倚坐像，坐东向西，面相端庄，通高71米。雕刻细致、线条流畅，身躯比例匀称，气势恢宏，体现了盛唐文化的宏大气派。佛座南北的两壁上，还有唐代石刻造像90余龛，其中亦不乏佳作。

1996年12月，联合国教科文组织将峨眉山和乐山大佛作为文化和自然双重遗产列入《世界遗产名录》。

2.被列入《世界遗产名录》的原因

峨眉山（包括乐山大佛）以其特殊的地理位置，雄秀神奇的自然景观，典型的地质地貌，保护完好的生态环境，特别是地处世界生物区系的结合和过渡地带而拥有丰富的动植物资源，具有明显的区域性特点，珍稀濒危物种繁多。近2000年来，创造和积累了以佛教为主要特征的丰富文化遗产。峨眉山的自然和文化遗产具有很高的历史、美学、科研、科普和游览观光价值，是全人类的共同财富。

（1）在中国名山中的地位。

以自然风光优美、佛教文化浓郁而驰名中外的峨眉山，以其"雄、秀、神奇"的特色，雄踞于中国名山之列并为其中佼佼者。

雄：高大的形体，雄伟的气势，引起崇高的美感。峨眉山在四川盆地西南边缘平地拔起，最高峰万佛顶海拔3099米，相对高差2600米，与五岳中最高的华山相比，仍高出近1000米，所以历代称之"高凌五岳"。峨眉主峰三峰并立，直指蓝天，气势磅礴。登临金顶，极目眺望，或群山叠叠，或云海茫茫，变幻无穷，令人心旷神怡。

秀：峨眉山处于多种自然要素交汇地区，植物垂直带谱明显，植物种类繁多，类型丰富，植被覆盖率高达87%以上。山中峰峦叠嶂，林木繁茂，郁郁葱葱，山体轮廓优美，线条流畅，景色多姿多彩。在天下各大名山中，其繁茂的植被景观，堪称第一。

神奇：峨眉山这个"普贤道场"的佛门圣地，浓郁的佛教文化色彩使它笼罩在一片神秘的宗教气氛之中。而神话传说，以及戏剧、诗歌、音乐、绘画、武术等的渲染与传播，使这座佛国仙山的神奇色彩更加虚幻莫测。在漫长的历史长河中，峨眉山的佛教文化、寺庙建筑与自然景观有机而巧妙地融合在一起，这在中国名山中首屈一指。峨眉山奇特的气象景观如金顶的云海、日出、佛光、圣灯、朝晖、晚霞，以及雷洞烟云、洪椿晓雨、大坪雾雪、雨湘雾湘等，千变万化，绚丽多彩，堪为中国名山之首。

峨眉山雄秀神奇的自然景观与悠久的历史文化内涵有机地融为一体，相得益彰，给人们美的享受与熏陶，使之成为人们崇拜与讴歌的对象而名扬天下。

（2）具有独特的地质特征。

峨眉山保存了从前寒武纪以来比较完整的沉积地层，为研究地壳及生物演进历史提供了难得的地质史料：岩浆侵入与喷溢所产生的侵入岩与火山岩，为研究上地幔的深部作用过程、岩石圈的拉张破裂、地壳的动定转化，提供了典型的实例：燕山运动、喜马拉雅运动所产生的复杂的地壳构造变形，又为研究地壳的表层构造，提供了充分的依据。

同时，新构造运动在峨眉山地质构造背景上所产生的雄伟壮观、类型多样的现代地貌，为生物类群的滋生繁衍和别具一格的中—高山地生态王国的建立提供了先决条件，这些背景和条件形成的有机统一的演绎整体，造就了峨眉山的美学形象、科学内涵和在世界山岳型风景区中独领风骚的特殊地位。

（3）丰富多彩的植物种类和亚热带典型的植被类型。

峨眉山的植物在世界上有着独特的地位，具有世界意义，特别表现在以下几方面。

峨眉山具有世界上最典型、保存最好的亚热带植被类型，具有原始的、完整的亚热带森林垂直带，从山麓的常绿阔叶林，向上依次可见常绿阔叶与落叶阔叶混交林，针阔混交林至暗针叶林。

植物种类异常丰富，在这样特殊、多样的森林中生长着已知的高等植物242科，3200种以上。对于

仅有154平方千米的山体来说，这在世界上是独特的，甚至在全世界亚热带也是绝无仅有的。伴随着多样的植被类型和丰富的植物种类，动物种类也是极其丰富的。

原始和特有种类十分繁多。山中特有的高等植物有100多种。古老而濒危的植物种类数目很大，被国家首次列为保护的植物就达31种。

峨眉山的植物区系处于中国—喜马拉雅亚区和中国—日本亚区过渡地带，对研究世界生物系等具有重要地位。

（4）动物种质的基因库。

峨眉山的动物正处于古北界和东洋界的过渡地带而较接近东洋界的特殊地区，其特征十分显著和典型。

区系复杂、类型齐全、种类丰富，是世界上罕见的集中分布区。

分布呈明显的区域性，水平、垂直分带明晰，既有东亚类群，也有南亚类群，并有高原类群。

具有"四多"的特点，即古老珍稀濒危的物种多，特有种多，模式种多，东洋区系物种多。

古老珍稀的物种有效保存至

今，保留了原始的生态，是现存较好的动物基因库。有较高的科研价值和特殊的保护意义。

（5）具有丰富的历史文化和佛教文化遗存。

峨眉山有着悠久的人文历史。据现有考古资料表明，早在一万年以前，这一区域内已有古代先民的活动。进入文明社会，有文献、史迹可考的人文历史已有2000多年。在如此漫长的历史时期，古代先民创造了光辉的历史文化，留下了丰富的历史遗产。佛教的传入，寺庙的兴建和繁荣，又使峨眉山这座雄而秀的"蜀国仙山"增添了神奇的色彩；宗教文化——特别是佛教文化，构成了历史文化的主体。所有的建筑、造像、法器、礼仪、音乐、绘画等无不展示出自身宗教文化的浓郁气息和鲜明色彩。

寺庙的建筑艺术是峨眉山佛教文化的突出体现，它与这座"秀甲天下"的名山的自然环境与景观融为密不可分的整体，成为风景明珠。全山现有寺庙30余处（其中规模大、历史悠久的主要寺庙10余处）。这些建筑富有地方传统民居风格，庄重典雅，朴实无华，因地制宜，依山就势，各具特色，无论选址、设计和营造都别具匠心，既有庙堂之严，又富景观之美。其技艺之高，堪称中国名山风景区寺庙建筑艺术的典范。

峨眉山丰富的历史文化遗存和佛教文物在中国国内其他风景名山中是罕见的，它是峨眉山悠久历史文化的结晶和瑰宝，其中有不少佛教文物和寺庙建筑对研究峨眉山佛教的兴盛演变以及整个佛教史都是非常珍贵的资料和佐证。

乐山大佛以人文遗产精粹和自然遗产的有机结合为特色，山水交融。景区2.5平方千米的范围内，拥有国家一级保护文物2处，二级保护文物4处，与国家历史文化名城——乐山城隔江相望，堪称得天独厚。景区以唐代摩崖造像——大佛为中心，有秦蜀守李冰开凿的离堆，汉代崖墓群，唐宋佛像、宝塔、寺庙，明清建筑群等，是有2000年历史的博物馆。中国历代名人有关的文化遗存十分丰富、独特。文物馆藏丰富，现有藏品7226件，其中有不少是国内外罕见的稀世珍品。

3.文化遗产

（1）佛教文化。

峨眉山是"中国佛教四大名山"之一。佛教的传播、寺庙的兴建和繁荣，为峨眉山增添了许多神奇色彩。宗教文化特别是佛教文化，构成了峨眉山历史文化的主体，所有的建筑、造像、法器以及礼仪、音乐、绘画等无不展示出宗教文化的浓郁气息。峨眉山上寺庙林立，其中以报国寺、万年寺等"金顶八大寺庙"最为著名。

在过去漫长的历史岁月中，峨眉山不仅积累了丰富的佛教文化瑰宝，也遗存了大量珍贵的文物。景区内现存寺庙30余处，建筑面积约10万平方米，它们都各具特色，富有个性。其中的飞来殿、万年寺无梁砖殿均为国家一、二级保护文物，佛教文物品类繁多，其中高5.8米、七方14层、内外铸全本《华严经》经文和佛像4700余尊的华严铜塔、万年寺明代铜铸佛像，以及明代暹罗国王所赠《贝叶经》等都是稀世珍宝。峨眉山现有文物古迹点164处，寺庙及博物馆的藏品6890多件，其中属于国家级保护的文物850多件，它们都具有不同的历史、文化和艺术价值。

（2）武术。

中国武术有着悠久的传统，起源于佛门中的禅修功，吸收了道家的动功以及军旅中的功攻战技，衍生成中国武术中三大流派之一的峨眉派，流传至今。

（3）诗篇。

作为"佛门圣地""天下名山"的峨眉山，历来与名人学士、墨客骚人的咏赞、记述和传播有着密切关系。著名诗人李白、苏东坡留下不少赞美峨眉山的诗篇，至今脍炙人口。在二峨山（古绥山）下不远处的沙湾镇，是现代文豪郭沫若的故居。郭沫若写下了不少关于峨眉的诗篇，堪称峨眉诗人，他所书写的"天下名山"题名，已成稀世珍品。

（4）乐山大佛。

乐山大佛古称"弥勒大像""嘉定大佛"。据唐代韦皋《嘉州凌云寺大佛像记》和明代彭汝实《重修凌云寺记》等书记载，佛像始凿于唐代开元初年（713

乐山大佛

年），历时90年才得以完成。

佛像依山临江开凿而成，是世界现存最大的一尊摩崖石像，有"山是一尊佛，佛是一座山"的称誉。大佛为弥勒倚坐像，背负凌云山九峰，面向三江汇流，坐东向西，面相端庄，坐身高59.96米，通高71米。其头长14.7米，宽10米，耳长7米，耳朵眼就可以同时钻进两人。他的脚背宽8.5米，可以围坐100多人。它比山西大同云冈石窟最高的大佛还要高出3倍，为世界第一大佛。佛像雕刻细致，线条流畅，身躯比例匀称，气势恢宏，体现了盛唐文化的宏大气派。佛座南北的两壁上，还有唐代石刻造像90余龛，其中"净土变"龛、"三佛"宝堪称艺术佳品，极具艺术价值。

前几年，由乐山大佛所在的凌云山和乌尤山以及东岩山组成的"巨型睡佛"的发现，曾引起海内外的轰动。而乐山大佛正好建在睡佛的心脏，寓意更加深刻。

乐山大佛景区内有秦离堆，汉崖墓，唐代佛、塔、寺，宋代抗元九顶城等古迹，人文景观密集，且与自然景观融为一体，交相辉映。

4.自然遗产

（1）地层地貌。

峨眉山保存了从前寒武纪以来比较完整的沉积地层，为研究地壳及生物演化历史提供了难得的地质史料；燕山运动、喜马拉雅运动所产生的复杂的地壳构造变形，又为研究地壳的表层构造，提供了充分的依据。同时，新构造运动在峨眉山地质构造背景上所产生的雄伟壮观、类型多样的现代地貌，为生物类群的繁衍和别具一格的中、高山地生态系统的建立提供了先决条件。

（2）生物多样性。

峨眉山处于多种自然要素的交汇地区，区系成分复杂，生物种类丰富，特有种繁多，保存有完整的亚热带植被的垂直带谱，从山麓向上依次为常绿阔叶林、落叶常绿阔叶混交林、针阔叶混交林和暗针叶林，森林覆盖率达87%。峨眉山有高等植物242科，3200多种，约占中国植物总数的1/10，仅产于峨眉山或首次在峨眉山发现，并以峨眉定名的植物达100余种，首批被国家列为保护植物的有珙桐、桫椤、银杏、独叶草、连香树、领春木等

31种。第三纪以前延续下来的、保持一定原始形状的古老种类，如木兰、木莲、木犀、含笑、万寿竹、石楠、铁杉、五味子等是与北美相对立的间断分布类群，具有极高的科研和保护价值。峨眉山的动物区系复杂，种类丰富，古老、珍稀、濒危、渐危的物种多，特有种多，模式种多，是天然的动物种质基因库。已知动物2300多种，其中兽类51种，鸟类256种，爬行类34种，两栖类33种，昆虫类1000多种，鱼类60种，小熊猫、林麝、短尾猴、苏门羚、白鹇、白腹锦鸡、灰斑角雉及胡子蛙、弹琴蛙、古叶蝶等珍稀特产和以峨眉山为模式产地的有157种，对研究世界生物区系等具有重要地位和特殊保护意义。

（3）峨眉药材。

峨眉山药用植物，具有种类繁多，种类成分复杂，珍稀品种多，特产品种多的特点。近半个世纪以来的考察研究，品种已由1952年的207种增至1995年的2050种。这些药用植物分属212科，其中属双子叶植物的有129科，1225种，相对集中在双子叶纲之中。常为人们乐求

的有朱砂莲、峨眉黄连、峨三七、天麻、老鹳草、冬虫夏草、峨眉黄柏、峨参、雪胆、佛掌参等。

(4) 四大奇观。

云海

晴空万里时，白云从峨眉山的千山万壑冉冉升起，光洁厚润，无边无涯。佛家把云海称为"银色世界"。峨眉云海，是由低云组成，峰高云低，云海中浮露出许多岛屿，云腾雾绕，宛若佛国仙乡。白浪滔滔，这些岛屿化若浮舟，又像是"慈航普渡"。近代诗人赵朴初诗"天著霞衣迎日出，峰腾云海作舟浮"，是这一景致的绝妙写照。

日出

峨眉山高立在四川盆地的西部边缘，鸟瞰纵横千里的"天府平原"，登山观日出，视野开阔，涤荡胸襟，深悟人与自然之情。伴随着旭日东升，朝霞满天，万道金光射向大地，峨眉山宛似从头至脚逐渐披上金色的大氅，呈现出全部的秀美身姿。

佛光

佛光，又称"峨眉宝光"，佛家称为"普贤菩萨眉宇间放出的光芒"。实际上，佛光是光的自然现象，是阳光照在云雾表面所起的衍射和漫反射作用形成的。夏天和初冬的午后，摄身岩下云层中骤然幻化出一个红、橙、黄、绿、青、蓝、紫的七色光环，中央虚明如镜。观者背向偏西的阳光，有时会发现光环中出现自己的身影，举手投足，影皆随形，即使成百上千人同时同址观看，观者也是只见己影，不见旁人。谭钟岳诗云："非云非雾起层空，异彩奇辉迥不同。试向石台高处望，人人都在佛光中。"

圣灯

金顶无月的黑夜，摄身岩下有时忽见一光如萤，继而数点，渐至无数，在黑暗的山谷飘忽不定。佛家称为"圣灯"，飘浮的神灯像是"万盏明灯朝普贤"。释心诚《圣灯》诗云："飞自峭崖东，飘来点点红。回翔分远近，掩映入空蒙。焰冷千年火，光摇半壁风。夜深人静后，挂满梵王宫。"明人尹伸《圣灯》诗亦云："旷望不辞夜，灯从上界传。流光时渡壑，焰影欲连天。只评繁星坠，还从法力圆。迷云开暗谷，处处见金仙。"

5.世界遗产委员会评价

公元1世纪，在四川省峨眉山景色秀丽的山巅上，落成了中国第一座佛教寺院。随着四周其他寺庙的建立，该地成为佛教的主要圣地之一。许多个世纪以来，文化财富大量积淀。其中最著名的要数乐山大佛，它是8世纪时人们在一座山岩上雕凿出来的，仿佛俯瞰着三江交汇之所。佛像身高71米，堪称世界之最。峨眉山还以其物种繁多、种类丰富的植物而闻名天下，从亚热带植物到亚高山针叶林可谓应有尽有，有些树木树龄已逾千年。

五、四川大熊猫栖息地

1.遗产简介

四川大熊猫栖息地位于中国四川省境内，包括卧龙、四姑娘山和夹金山脉，面积9245平方千米，地跨成都市、雅安市、阿坝藏族羌族自治州、甘孜藏族自治州4个地级行政区的12个县市，是全球最大、最完整的大熊猫栖息地。全球30%以上的野生大熊猫栖息于此。也是全球除热带雨林以外植物种类最丰富的区域之一。它曾被自然保护国际联盟选定为全球25个生物多样性热点之一，被全球环境保护组织确定为全球200个生态区之一。

四川大熊猫栖息地于2006年7月12日成为世界自然遗产。

卧龙

"卧龙"的名字来源于一个传说。相传一个龙王云游至此，因留恋这里美丽景色而忘返，化作群山俯卧在这里，形成峰峦叠翠，沟谷纵横的景观，好似一条巨龙盘旋在山冈之上，因此，这俊美的地方便有了"卧龙"这个名字。

卧龙大熊猫自然保护区位于阿坝藏族羌族自治州汶川县境内，离成都市区仅120千米左右，距都江堰50多千米。这里温差较小，干湿季节分明，降雨量集中，全区年均气温是8.9℃，最高气温和最低气温也只不过是29.8℃和11.7℃，降雨主要集中于5月~8月，潮湿是这里的一大特点。水量充足，山间泉水潺潺，更蕴藏着大量的地下水资源，其中银厂沟的温泉，水温为40℃，水质无色透明，水底有乳白色堆积物，经测定属偏硅酸锶优质矿泉水，具有药用价值。另外自然资源丰富，植被种类繁多，有不少珍贵物种。更有各种兽类50多种，鸟类300多种，属国家保护的珍贵动物就达29种。

环境的适宜十分适合箭竹和桦橘竹的生长，而箭竹和桦橘竹是大熊猫的主食，所以这里为大熊猫的生存和繁衍构造了理想的区域。这里设有大熊猫研究中心和大熊猫野外生态观察站，维护自然保护区面积约700000万平方米，是以保护高山生态系统及大熊猫、金丝猴、珙桐等珍稀物种为主的综合性国家级自然保护区。

卧龙以"熊猫之乡""宝贵的生物基因库""天然动植物园"享誉中外。自然保护区内有呈观峰林状地貌奇观的熊猫沟，凭借人工栈道和隧洞，可徒步进入原始森林，追寻熊猫踪迹。

四姑娘山

四姑娘山地处小金县与汶川县交界处，由横断山脉中四座毗连的山峰组成。

对于她名字的由来，当地流传着一个美丽的传说，相传在一个久远的年代，四位美丽的姑娘因为勇战魔王而牺牲了自己的生命，化作大山将魔王撞向灭亡。山上圣洁的积雪是神物法宝所变，将山冻得坚实不摧，山间环绕的云雾是爱人的身心所化，矢志不渝。人们为了纪念四位姑娘的勇敢和精神，故将这条山脉取名为"四姑娘山"。

四姑娘山主要有双桥沟、长坪沟、海子沟。各沟从北向南纵深十余千米到数十千米，穿行于高山峡谷之中。主峰幺妹峰海拔6250米，山体陡峭，挺拔巍峨，直指苍天，山顶银装素裹，纯洁神圣。溪沟呈南北向穿行于山峡谷之中，纵深十至数十千米。蓝天白雪、奇峰异树、飞瀑流泉景致相互交映，美不胜收。其中四姑娘山双桥沟纵深30余千米，峡谷时宽时窄，草坪披覆，溪流蜿蜒其间，犹如青色长龙延绵千里。金秋时节，霜叶红于二月花，四姑娘山又呈现出另一番景色。位于长坪及海子两沟深处的四姑娘山，海拔6250米，也是终年积雪，挺拔矗立，蔚为壮观。

四姑娘山以雄峻挺拔闻名，且气候特殊，垂直高差显著，动植物资源十分丰富，与以保护大熊猫为

圣洁的四姑娘山

主的卧龙自然保护区和米来罗红叶风景区相毗邻。

夹金山

夹金山位于小金县南部，为邛崃山脉支脉，海拔4114米，与著名的国家级风景名胜四姑娘山毗邻，东连卧龙自然保护区，南邻宝兴蜂桶寨自然保护区，距成都250千米，由木城沟和木尔寨沟两个原始生态区构成。2000年12月国家林业局批准成立"夹金山国家森林公园"，面积92.175平方千米。

清乾隆年间，夹金山名为"甲金达"。近代是中国工农红军一方面军与红四方面军胜利会师的地方，是红军翻越的第一座大雪山，"长征万里险，最忆夹金山"，具有重大的历史意义。

夹金山环境优美，生态环境也非常好，流泉飞瀑，冰川峡谷相辉

映，清奇俊秀皆在群峰中展现。遥望远处，是圣洁的四姑娘山，而耸立在木尔寨沟东侧的"神马"峰昂首东望，形神逼真，传说是四姑娘的坐骑，放牧于此。原始森林中有珍稀动物378种，维管束植物1050种。除了许多珍贵的灵长类动物生活于此，还有众多山鸟汇聚这里繁衍，使夹金山国家森林公园有"画眉乐园"之称。

1869年，大熊猫被法国传教士兼生物学家戴维在邓池沟首次发现，一举使动物活化石大熊猫享誉世界。保护区管理处，建有动物驯养繁殖场、抢救室、科研陈列室。蜂桶寨半野生驯养场现有大熊猫、小熊猫、黑熊、马熊、野鸡、马鸡、贝母鸡等多种动物可供游人观赏。

2.列入《世界遗产》的原因

本区是大熊猫邛崃山系种群主

体分布的区域。大熊猫是中国特有的珍贵濒危物种，有动物的活化石之称，历史上曾有过广泛的分布，17世纪时约在13个省市100个县的约1000平方千米范围内活动，20世纪初期退缩到只有4个省50多个县约500平方千米范围内出没，到20世纪90年代只在川、甘、陕三省约395万公顷范围内生存了，而且栖息地被切割碎化日益严重，1000多只大熊猫被分割在25个岛屿状小区域之内，大多数区域小于250平方千米，有些地区的种群只不过3只~5只，不可避免地产生近亲交配。内外不利的因素，使其面临十分危险的灭绝境地。邛崃山系是当今大熊猫保存最多之地，约占现存总数的1/10，有100多只，特别是在卧龙——四姑娘山地区比较集中，是邛崃山系种群的主体分布区域，成为世界遗产地之后将会得到更加有效的管理，消除了人为所造成的栖息地碎化现象，使卧龙和草坡两大栖息地得到连片的保护，有利于生存和繁衍。

本区是中国一个具有世界意义的生物多样性关键地区。大家都知道，在世界范围内，湿润亚热带地区是东南亚所特有，在中国占据面积最大。卧龙——四姑娘山大熊猫栖息地所在范围，位于东部中亚热带向西部中亚热带过渡的一个交错地带，而且是四川盆地西缘向青藏高原过渡的高山峡谷地区，地貌类型宏伟而独特，生境多种多样，生物多样性丰富多彩，是我国中亚热带地区植被垂直地带分布最完整的区域，从基带的常绿阔叶林往上顺序呈现山地常绿落叶阔叶混交林、山地针叶落叶阔叶混交林、亚高山针叶林、高山灌丛、草甸和高山冰缘稀疏植被，所有这些都是其他地区所少见的。据不完全统计，该地区高等植物有4000多种，是东亚植物区系密集分布的区域，中国—日本和中国—喜马拉雅两大区系省的成分交错分布，也有一些古地中海分布的残遗成分，局部河谷和高山还有一些热带、北温带和青藏高原唐古拉地区的成分出现。许多种类随着生境梯度的变化，引起生态型相应的变化，例如川滇高山栎从海拔低处至高处，由乔木变为灌木，杜鹃花科、胡颓子科植物也有类似的变化。已知兽类103种，属国家一级保护8种，二级保护23种；两栖类20种；爬行类21种；鱼类11种，昆虫1700多种，还有大量的标本未鉴定出来。从区系组成来看，既有喜温暖湿润的种类，如弥猴、金丝猴、云豹、水鹿、灵猫、果子狸等，也有耐寒冷的高原和北方种类，如白唇鹿、牛羚、猞猁、岩羊、藏雪鸡等。

物种的古老性与特有现象是其他地区不能代替和比拟的。由于这个区域受第四纪冰川的影响较弱，成了动植物的"避难所"，保存了大量古老的残遗种，各种植被类型都是由古老的植物所构成，大熊猫与亚高山针叶林以及箭竹巧妙地结合，以及大片珙桐林的出现，充分反映了这一点。这个区域是我国3大植物特有现象中心之一的川西滇北地区的组成部分，高等植物特有属有36属，其中单种属有15属，少种属19属，特有种有260多种；在裸子植物10属20种中就有14种是中国的特有种。动物的情况也是如此，例如，在65属兽类中有14个特有属，11种鱼类全为特有种，在284种鸟类中特有种有29种。

本区是一个物种丰富的资源库。由于环境条件多种多样，给物种生存和繁衍提供了优越的空间，有大量的药用、纤维、观赏、材用和绿化、单宁、芳香、淀粉及糖类、油脂类植物可提供种源。同样，毛、皮革用，药用，肉用，狩猎用动物也不少，可提供饲养和合理的利用。

3.世界遗产委员会评价

全球关注的濒危动物大熊猫是仅产于中国的稀有"活化石"动物。四川大熊猫栖息地世界自然遗产提名地包括卧龙、四姑娘山和夹金山脉，面积9245平方千米，涵盖成都、雅安、阿坝和甘孜4市州的12个县市。它保存的野生大熊猫占全世界30%以上，是全球最大最完整的大熊猫栖息地，是全球所有温带区域（除热带雨林以外）中植物最丰富的区域。

该栖息地具有突出而普遍的价值，感谢中国政府作出的努力。

第九章

⬤ ⬤ ⬤

重庆市的文化与自然遗产

⬤ ⬤ ⬤ ⬤ ⬤ ⬤ ⬤ ⬤ ⬤ ⬤ ⬤

大足石刻

1. 大足石刻简介

大足石刻位于中国西南部重庆市的大足等县境内，这里素有"石刻之乡"的美誉。大足石刻最初开凿于初唐永徽年间（650年），历经晚唐、五代（907～959年），盛于两宋（960～1279年），明清时期（公元14世纪～19世纪）也有所增刻，最终形成了一处规模庞大，集中国石刻艺术精华之大成的石刻群，堪称中国晚期石窟艺术的代表，与云冈石窟、龙门石窟和莫高窟齐名。

大足石刻群共包括石刻造像70多处，总计10万余尊，其中以北山、宝顶山、南山、石篆山、石门山五处最为著名和集中。

大足石刻宝顶山第20号寒冰地狱北山石刻位于大足县城西北2千米处，始刻于唐景福元年（892年），至南宋绍兴年间（1162年）结束。北山石刻共有摩崖造像近万尊，主要为世俗祈佛出资雕刻。造像题材共51种，以当时流行的佛教人物故事为主。它是佛教世俗化的产物，不同于中国早期石窟。北山造像以雕刻精细、技艺高超、俊美典雅而著称于世，展示了中国公元8世纪～14世纪时，民间佛教信仰及石刻艺术风格的发展变化。

宝顶山石刻位于大足县城东北15千米处，始刻于南宋淳熙六年

（1179年），至南宋淳祐九年（1249年）结束。宝顶山石刻以圣寿寺为中心，包括大佛湾、小佛湾等13处造像群，共有摩崖造像近万尊，题材主要以佛教密宗故事及人物为主，整个造像群宛若一处大型的佛教圣地，展现了宋代（960～1279年）石刻艺术的精华。

南山石刻位于大足县城东南，始刻于南宋（1127～1279年）时期，明清两代亦稍有增补。南山石刻共有造像15窟，题材主要以道教造像为主，作品刻工细腻，造型丰满，表面多施以彩绘。南山石刻是现存中国道教石刻中造像最为集中、数量最大、反映神系最完整的一处石刻群。

石篆山石刻位于大足县城西南

大足石刻宝顶山第20号寒冰地狱

25千米处，始刻于北宋元丰五年（1082年），至绍圣三年（1096年）结束。造像崖面长约130米，高3米～8米，共10窟，是中国石窟中典型的佛、道、儒"三教"结合造像群。

石门山石刻位于大足县城东20千米处，始刻于北宋绍圣元年（1094年），至南宋绍兴二十一年（1151年）结束。凿刻有造像的崖面全长约72米，崖高3米～5米，共16窟，题材主要为佛教和道教的人物故事。此外还包括有造像记、碑碣、题刻等。石门山石刻是大足石刻中规模最大的一处佛、道教结合石刻群，其中尤以道教题材诸窟的造像最具艺术特色。作品造型丰满，神态逼真，将神的威严气质与人的生动神态巧妙结合，在中国石刻艺术中独树一帜。

唐光启元年（885年），昌州由静南县迁治大足。至南宋末年（1279年），大足一直是昌州州治所在县。大足石刻中的"五山"摩崖造像即在这近400年间建成。现存大足石刻作品中，最早的为凿于650年（初唐永徽元年）的尖山子摩崖造像，其后200多年间仅新开凿圣水寺摩崖造像一处。这两处初、中唐造像总共不过20龛，直到885年昌州迁治大足后，摩崖造像方渐大兴。

自892年～1252年的360年间，大足先后建成佛教、道教和"三教"造像区34处，造像数量占大足石刻总数的80%左右。其中除北山摩崖造像始凿于晚唐景福元年（公元892年）外，其余均为北宋元丰至南宋淳祐（公元1082年～1252年）的170余年间建成。

南宋晚期（13世纪末叶），因战乱石刻造像中断。至明代永乐年间（15世纪末），摩崖造像方渐复苏，一直延及晚清。明、清两代（15世纪初至19世纪末）的500年间共有摩崖造像39处，其中虽不乏佳品，但多为小型造像区，造像数量也不足今大足石刻造像总数的20%。

古印度的石窟艺术自公元3世纪传入中国后，自魏晋到盛唐时期，在中国北方先后形成了两次造像高峰，于公元8世纪中叶（唐天宝之后）逐渐走向衰落。在此之际，位于长江流域的大足县境内的摩崖造像却异军突起，从公元9世纪末至13世纪中叶建成了以"五山"摩崖造像为代表的大足石刻，形成了中国石窟艺术史上的又一次造像高峰，从而把中国石窟艺术史向后延续了400余年。

大足石刻是一项伟大的艺术创作。它在造型技法上，运用写实与夸张相结合的手法，描难显之状，传难达之情，对不同的人物赋予不同的性格特征，务求传神写心。强调善恶、美丑的强烈对比。其所表现的内容贴近生活，文字通俗，言简意赅，既有很强的艺术感染力，又有极大的社会感化作用。

大足石刻宝顶山第17号吹笛女

在选材上，既源于经典，而又不拘泥于经典，具有极大的包容性和创造性，反映出世俗信仰惩恶扬善、调伏心意和规范行为的义理要求。在布局上，是艺术、宗教、科学、自然的巧妙结合。在审美情趣上，融神秘、自然、典雅三者于一体，充分体现了中国传统文化重鉴戒的审美要求。在表现上突破了一些宗教雕塑的旧模式，有了创造性的发展，神像人化，人神合一，极富中国特色。总之，大足石刻在诸多方面都开创了石窟艺术的新形式，成为具有中国风格和中国传统文化内涵，以及体现中国传统审美思想和审美情趣的石窟艺术的典范。

大足石刻以其浓厚的世俗信仰、纯朴的生活气息，在石窟艺术中独树一帜，把石窟艺术生活化推到了空前的境地。在内容取舍和表现手法方面，都力求与世俗生活及审美情趣紧密结合。其人物形象文静温和，衣饰华丽，无论是佛、菩萨，还是罗汉、金刚，以及各种侍者像，都颇似现实中各类人物的真实写照。

大足石刻以其规模宏大、雕刻精美、题材多样、内涵丰富、保存完整而著称于世。它集中国佛教、道教、儒家"三教"造像艺术的精华，以鲜明的民族化和生活化特色，成为中国石窟艺术中一颗璀璨的明珠。它以大量的实物形象和文字史料，从不同侧面展示了公元9世纪末至13世纪中叶中国石刻艺术的风格和民间宗教信仰的发展变化，对中国石刻艺术的创新与发展做出了重要贡献，具有前代石窟不可替代的历史、艺术和科学价值。

2．列入《世界遗产名录》的理由

（1）所含的历史意义。

以北山、宝顶山、南山、石篆山、石门山（简称"五山"）摩崖造像为代表的大足石刻是中国石窟艺术重要的组成部分，也是世界石窟艺术中中国晚唐景福元年至南宋淳祐十二年（公元9世纪末至13世纪中叶间）最为壮丽辉煌的一页。大足石刻始建于唐永徽元年（公元650年），兴盛于公元9世纪末至13世纪中叶，余绪延至明清，是中国晚期石窟艺术的代表作品。

"五山"摩崖造像以规模宏大，雕刻精美、题材多样、内涵丰富、保存完整而著称于世。以集释（佛教）、道（道教）、儒（儒家）"三教"造像之大成而异于前期石窟。以鲜明的民族化、生活化特色，在中国石窟艺术中独树一帜。以大量的实物形象和文字史料，从不同侧面展示了公元9世纪末至13世纪中叶间中国石窟艺术风格及民间宗教信仰的重大发展与变化，对中国石窟艺术的创新与发展有重要贡献，具有前期各代石窟不可替代的历史、艺术、科学和鉴赏价值。

（2）较高的研究价值。

源于古印度的石窟艺术自公元3世纪传入中国后，分别于魏晋至盛唐时期（公元4世纪和7世纪前后），在中国北方先后形成了两次造像高峰，但至唐天宝之后（公元8世纪中叶）走向衰落。于此续绝之际，位于长江流域的大足县境内摩崖造像异军突起，从公元9世纪末至13世纪中叶建成了以"五山"摩崖造像为代表的大足石刻，形成了中国石窟艺术史上的又一次造像

高峰。从而把中国石窟艺术史向后延续了400余年。此后，中国石窟艺术停滞，其他地方未再新开凿一座大型石窟，大足石刻也就成为中国后期石窟艺术的杰出例证。

中国石窟艺术在其长期的发展过程中，各个时期的石窟艺术都积淀了自己独具特色的模式及内涵。以云冈石窟为代表的早期石窟艺术（魏晋时期，公元4世纪～5世纪）受印度犍陀罗和笈多式艺术的影响较为明显，造像多呈现出"胡貌梵相"的特点。以龙门石窟为代表的中期石窟艺术（隋唐时期，公元6世纪～9世纪）表现出印度文化与中国文化相融合的特点。作为晚期石窟艺术（晚唐至南宋时期，公元9世纪末至13世纪中叶）代表作的大足石刻在吸收、融化前期石窟艺术精华的基础上，于题材选择、艺

大佛湾最大的石刻——释加涅槃圣迹图

术形式、造型技巧、审美情趣诸方面都较之前代有所突破，以鲜明的民族化、生活化特色成为具有中国风格的石窟艺术的典范，与敦煌、云冈、龙门等石窟一起构成了一部完整的中国石窟艺术史。

大足石刻"三教"造像俱全，有别于前期石窟。以南山摩崖造像为代表的公元11世纪～13世纪中叶的道教造像，是中国这一时期雕刻最精美、神系最完备的道教造像群。石篆山摩崖造像中以中国儒家创始人孔子为主尊的"儒家"造像，在石窟艺术中可谓凤毛麟角。以石篆山摩崖造像为代表的佛教、道教、儒教"三教"合一造像，以及以石门山摩崖造像为代表的佛教、道教合一造像在中国石窟艺术中亦极为罕见。

就保存状况而言，大足石刻是中国石窟艺术群中保存最完好的石窟之一。

（3）再现历史真实性和完整性。

"五山"摩崖造像保存完好。全部龛窟与造像，除历史上对少数雕像肢体残损部分有过补塑外，未

遭受大的人为和自然灾害的破坏。1949年中华人民共和国成立后，在日常维修保护中，严格遵守"不改变原状"的原则，以确凿文献、碑刻题记为依据，采用传统技术与现代科学技术相结合的手段进行。其设计、材料、工艺、布局等方面均保持了历史的真实性。在对"五山"造像主体进行保护的同时，注重其周围环境的保护，基本上没有改变其环境关系。因此，从总体上看，"五山"摩崖造像基本上保持了历史的规模、原状和风貌。

（4）列入遗产所依据的标准。

大足石刻是一件伟大的艺术杰作。

大足石刻是大足县境内主要表现为摩崖造像的石窟艺术的总称。公布为文物保护单位的摩崖造像多达75处。雕像5万余尊，铭文10万余字。北山、宝顶山、南山、石篆山、石门山摩崖造像为全国重点文物保护单位，其规模之大，造诣之精，内容之丰富，都堪称一件伟大的艺术杰作。北山造像依岩而建，龛窟密如蜂房，被誉为公元9世纪末至13世纪中叶间的"石窟艺

术陈列馆"。宝顶山大佛湾造像长达500米，气势磅礴、雄伟壮观。变相与变文并举，图文并茂；布局构图严谨，教义体系完备，是世界上罕见的有总体构思、历经70余年建造的一座大型石窟密宗道场。造像既追求形式美，又注重内容的准确表达。其所显示的故事内容和宗教、生活哲理对世人能晓之以理，动之以情，诱之以福乐，威之以祸苦。涵盖社会思想博大，令人省度人生，百看不厌。南山、石篆山、石门山摩崖造像精雕细琢，是中国石窟艺术群中不可多得的佛教和释、道、儒"三教"造像的珍品。

大足石刻对中国石窟艺术的创新与发展有重要贡献。

大足石刻注重雕塑艺术自身的审美规律和形式规律，是洞窟造像向摩崖造像方向发展的佳例。在立体造型的技法上，运用写实与夸张互补的手法，摹难显之状，传难达之情，对不同的人物赋予不同的性格特征，务求传神写心。强调善恶、美丑的强烈对比，表现的内容贴近生活，文字通俗，达意简赅，既有很强的艺术感染力，又有着极

大的社会教化作用。在布局上，是艺术、宗教、科学、自然的巧妙结合。在审美上，融神秘、自然、典雅三者于一体，充分体现了中国传统文化重鉴戒的审美要求。在表现上，突破了一些宗教雕塑的旧模式，有了创造性的发展，神像人化，人神合一。极富中国特色。总之，大足石刻在诸多方面都开创了石窟艺术的新形式，成为具有中国风格和中国传统文化内涵，以及体

大足宝顶山第22号明王头像

现中国传统审美思想和审美情趣的石窟艺术的典范。同时，作为中国石窟艺术发展、变化的一个转折点，大足石刻所出现的许多有异于前期的新因素又极大地影响了后世。

大足石刻是石窟艺术生活化的典范。

大足石刻以其浓厚的世俗信仰、纯朴的生活气息，在石窟艺术中独树一帜，把石窟艺术生活化推到了空前的境地。在内容取舍和表现手法方面，都力求与世俗生活及审美情趣紧密结合。其人物形象文静温和，衣饰华丽，身少裸露；形体上力求美而不妖，丽而不娇。造像中，无论是佛、菩萨，还是罗汉、金刚，以及各种侍者像，都颇似现实中各类人物的真实写照。特别是宝顶山摩崖造像所反映的社会生活情景之广泛，几乎应有尽有，颇似公元12世纪～13世纪中叶间（宋代）的一座民间风俗画廊。无论王公大臣、官绅士庶，还是渔樵耕读，各类人物皆栩栩如生，呼之欲出。大足石刻中的"五山"摩崖造像，可以说是一幅生动的历史生活画卷，它从各个侧面浓缩地反映

了晚唐、五代和两宋时期（公元9世纪～13世纪间）的中国社会生活，使源于印度的石窟艺术经过长期的发展，至此完成了中国化的进程。

大足石刻为中国佛教密宗史增添了新的一页。

按过去佛教史籍记载，中国密宗盛行于公元8世纪初叶，流行于黄河流域，至公元9世纪初日本僧人空海东传日本后，中国汉地渐至衰落。而北山、宝顶山大量造像及其碑刻文字无可争辩地表明，公元9世纪～13世纪，密宗在四川不仅未见绝迹，而且处于兴盛。

晚唐（公元9世纪末），四川西部的柳本尊自创密宗，号称"唐瑜伽部主总持王"，苦行传道，弘扬大法。到南宋中期（公元12世纪～13世纪中叶间），高僧赵智凤承持其教，号称"六代祖师传密印"，在昌州大足传教布道，创建了宝顶山摩崖造像这座石窟史上罕见的、完备而有特色的密宗道场，从而把中国密宗史往后延续了400年左右，为中国佛教密宗史增添了新页。

大足石刻生动地反映了中国民间宗教信仰的重大发展、变化。

信神不信教、信仰多元化，是中国民间宗教信仰在长期的发展过程中出现的一个重大变化。大足石刻作为中国民间宗教信仰的产物，便是其重要实物例证。一方面，作为中国传统文化中三大主体的儒教、道教及佛教，在其长期的发展进程中，总趋势由"相互对抗"走向"相互融合"。其表现之一，是使原本属于佛教产物的石窟艺术为道教和儒教所借用，且"三教"创始人不分高下地出现在同一个石窟之中。大足石刻中有释、道、儒"三教"分别造像者，有佛、道合一和"三教"合一造像者。这些造像表明，公元10世纪～13世纪，"孔、老、释迦皆至圣""惩恶助善，同归于治"的"三教"合流的

社会思潮已经巩固，世俗信仰对于"三教"的宗教界限已日渐淡漠。另一方面，大足石刻丰富多样的造像题材又有力地反映出这一时期源于印度的佛教神祇和道教早期的神仙系统已与中国民俗信仰的神灵融合，呈现出信仰多元化的趋势。大足石刻所展示出的这种民间宗教信仰的重大发展、变化，成为后世民间信仰的基础，影响深远。

3.世界遗产委员会评价

大足地区的险峻山崖上保存着绝无仅有的系列石刻，时间跨度从公元9世纪～13世纪。这些石刻以其艺术品质极高、题材丰富多变而闻名遐迩，从世俗到宗教，鲜明地反映了中国这一时期的日常社会生活，并充分证明了这一时期佛教、道教和儒家思想的和谐相处局面。

第十章

◉ ◉ ◉

云南省的文化与自然遗产

◉ ◉ ◉ ◉ ◉ ◉ ◉ ◉ ◉ ◉ ◉ ◉ ◉

一、丽江古城

1.古城概况

丽江古城位于中国西南部云南省西北部的丽江纳西族自治县，地处滇西横断山脉与滇中高原的交界处，为玉龙雪山、金沙江畔怀抱的丽江坝子中央，海拔2410米，面积3.8平方千米，现有居民2.5万余人。其中，纳西族占总人口的绝大多数。始建于宋末元初（公元13世纪后期）。其地势由西北向东南倾斜，呈阶梯状递降。丽江不仅以巍峨壮丽的大雪山、雄奇险峻的大峡谷、灵秀俊美的老君山、碧波荡漾的泸沽湖和多姿多彩的少数民族风情而驰名中外，而其没有城墙的古

城与这里"天人合一"的古朴意识及其博大精深的文化内涵则更令人惊羡。丽江古城，有"被神仙遗忘在人间的城郭"之盛誉。

丽江古城原名大研，因整个丽江坝子形似一块大砚，"砚"与"研"相通。整个古城在城市建设中，未受"方九里，旁三门，国中九经九纬，经途九轨"这种中原建城旧制的影响。古城没有城墙，民间传说是因原来木氏土司忌讳建设城墙后形成"困"势。其实，当年木氏土司不建城墙的主要原因，一是古城位置本来就险关环绕，有大自然的天然屏障；二是土司背靠朝廷，可安心称雄一方；三是与临近的吐蕃、大理部族都能和睦相处，

因而无近邻之扰。

丽江古城这个不建城墙的城市独具一格，"城依水存，水随城在"是其最大的特色。它没有中规中矩的道路网，而是依山就水，路随地势，不求方正、不拘一格地随地形变化建房立街。房屋层迭起伏，错落有致，街道亦结合水系、坡势而建，往往不求平直但曲径通幽，形成了疏密有致、极为和谐的街景和城市空间。城北为商业区，以四方街为中心，四条干道呈经络状向四周延伸，临街均设商业铺面。城东为旧时官府衙门所在地，现存文明坊、文庙、武庙。

位于城北的黑龙潭为古城主要水源。黑龙潭的水源系玉龙雪山

玉泉神祠

冰雪融化透流出来的泉水，潭水由北向南蜿蜒而下，至双石桥处被分为东、中、西三条支流入城，在城中，各支流再分为无数细流，入墙绕户，穿场走苑，形成主街傍河、小巷临水、跨水筑楼的景象。丽江古城水色清纯、明亮鲜活。夜晚，水月相对，水面上会荡起银光，在光义街一带的西河，因河水湍急，街头巷尾，无处不闻流水相激之声，夜晚恍若有置身于林间的感觉，极具山林野趣，使丽江有"高原水乡"之美誉。

水网之上，造型各异的石桥、木桥多达354座，其密度为平均每平方千米93座，居中国之冠。水绕古城，桥连玉水。桥梁的形制多种多样，中河上的桥多为石拱桥，坚固而厚实，桥面也较宽。东河和西河因是人工河，水较浅，河面也较窄，因此河面上的桥多为木板桥和石板桥，较简便。较著名的有锁翠桥、大石桥、万千桥、南门桥、马鞍桥、仁寿桥，均建于明清时期（14世纪~19世纪），以位于四方街以东100米的大石桥最具特色。

古城区以四方街为活动中心

气派壮观的丽江古城

和商贸中心，以新华街、新义街、五一街、七一街等五条街道向四周辐射、延伸。四方街是古城里最繁华之地，它是由若干连接着的店面围成一块约4000平方米的方形街面。这里摊贩云集，商品琳琅满目，以本地和云南其他地区出产的民族手工业品为主。从四方街往四周延伸的街道间又有小巷相连，四通八达，无一条走不通的死巷。所有这些街巷路面皆以红色角砾岩铺就，雨季不会泥泞，旱季也不会飞灰，石上花纹图案自然雅致，与整个城市环境相得益彰。位于古城中心的四方街是丽江古街的代表。

丽江民居极富民族特色。以土木结构为主，瓦屋楼房，木梁承重。从外看，房基用石头砌成，中间用土坯墙或土冲墙建成，上部加覆木板。平面布局有三坊一照壁、四合五天井、前后院、一进多院等多种形式。房屋就地势高低而建筑，以两层居多，也有三层，适用且美观。一座典型的古城民居，多为坐北朝南，正对门三开间的正房称为一坊，正房两侧各有一坊厢房，正房对面的壁墙称"照壁"，如此，三坊与照壁组成一个院落称"三坊一照壁"。如变照壁为一坊，房屋就由四坊组成一个四合院，中间的大院即为大天井，而各坊相接处又独立，构成一口小天井，加大天井共五个天井，故称"四合五天井"。院落的地面下一般为用各式各样的卵石、瓦片、碎石等嵌拼的各种图案，常有代表"福""寿"的吉祥图案。尤其在门窗的装饰上，更体现了纳西民族的审美格调和精湛工艺。这些相互组合而成的天井和房屋，功能齐全，使用方便，空间相互穿插灵活，加上各种装饰，充满了生活情趣。古城内的木府位于狮子山东麓，为原丽江世袭土司木氏的衙署与木家院合建而成。始建于元代（1271～1368年），1998年重建后改为古城博物院。木府占地30670平方米，府内有大小房间共162间。其内还悬挂有历代皇帝钦赐的匾额11块，反映了木氏家族的盛衰历史。经历代扩建，规模日益加大，直至成为一座边陲皇宫。木府分三个部分，西边为府署，中间是土司家院，东面为御花园。府衙是木氏土司暗仿北京紫禁城之制修建的，有金水桥、三大殿，又以狮子山为"御苑"，规模宏大，殿宇壮丽，颇有皇家气派。其中最雄伟的当数"金銮宝殿"御音楼，连当年徐霞客造访后都惊叹道"宫室之丽，拟于王者"。木家院住宅是由多个院落组成，具有纳西民居特色，端庄而典雅。紧傍家院，还建有家庙、祭天场、皈依堂、木家书院、万卷楼等。东面御花楼也是仿照北京故宫御花园建的，里面奇花异草、鹤舞莺鸣、四季常青，是当年土司及王孙公子们的游玩之处。

位于城内福国寺的五凤楼始建于明代万历二十九年（1601年），楼高20米。因其建筑形制酷似五只飞来的彩凤，故名"五凤楼"。楼内的天花板上还绘有多种精美的图案。五凤楼融合了汉、藏、纳西等民族的建筑艺术风格，是中国古代建筑中的稀世珍宝和典型范例。

白沙民居建筑群位于丽江古城以北8千米处，这里曾是宋元时期（10世纪～14世纪）丽江地区政治、经济、文化的中心。白沙民居建筑群分布在一条南北走向的主轴上，中心为一梯形广场，一股泉水由北面引入广场，四条巷道从广场通向四方，极具特色。白沙民居建筑群形成和发展为后来丽江古城的布局奠定了基础。

束河民居建筑群位于丽江古城西北4千米处，是丽江古城周边的一个小集市，建筑群内民居房舍错落有致，布局形制与丽江古城四方街相似。青龙河自建筑群的中央穿过，建于明代（1368～1644年）的青龙桥横跨其上，青龙桥是丽江境内最大的石拱桥。

丽江古城历史悠久，古朴自然。城市布局错落有致，既具有山城风貌，又富于水乡韵味。丽江民居既融合了汉、白、彝、藏各民族精华，又有纳西族的独特风采，是研究中国建筑史、文化史不可多得的重要遗产。丽江古城包容着丰富的民族传统文化，集中体现了纳西民族的兴旺与发展，是研究人类文化发展的重要史料。

2. 列入《世界遗产名录》的理由

丽江古城是一座具有较高综合价值和整体价值的历史文化名城，它集中体现了地方历史文化和民族风俗风情，体现了当时社会进步的本质特征。流动的城市空间、充满生命力的水系、风格统一的建筑群体、尺度适宜的居住建筑、亲切宜人的空间环境以及独具风格的民族艺术内容等，使其有别于中国其他历史文化名城。古城建设崇自然、求实效、尚率直、善兼容的可贵特质，更体现了特定历史条件下的城镇建筑中所特有的人类创造精神和进步意义。丽江古城是具有重要意义的少数民族传统聚居地，它的存在为人类城市建设史的研究、人类民族发展史的研究提供了宝贵资料，是珍贵的文化遗产，是中国乃至世界的瑰宝，符合加入《世界遗产名录》条件。

（1）在中国名城中的地位。

丽江古城历史悠久，古朴自然，兼有水乡之容、山城之貌，它作为有悠久历史的少数民族城市，从城市总体布局到工程建筑融汉、白、彝、藏各民族精华，并自具纳西族独特风采。1986年，中国政府将其列为国家历史文化名城，确定了丽江古城在中国名城中的地位。

（2）中国古代城市建设的成就。

有别于中国任何一座王城，丽江古城未受"方九里，旁三门，国中九经九纬，经途九轨"的中原建城规制影响。城中无规矩的道路网，无森严的城墙，古城布局中的三山为屏、一川相连，水系利用中的三河穿城、家家流水，街道布局中"经络"设置和"曲、幽、窄、达"的风格，建筑物的依山就水、错落有致的设计艺术在中国现存古城中是极为罕见的，是纳西族先民根据民族传统和环境再创造的结果。

（3）古城民居的鲜明特色和风格。

城镇、建筑本身是社会生活

的物化形态，民居建筑较之官府衙署、寺庙殿堂等建筑更能反映一个民族一个地区的经济文化、风俗习惯和宗教信仰。丽江古城民居在布局、结构和造型方面按自身的具体条件和传统生活习惯，有机结合了中原古建筑以及白族、藏族民居的优秀传统，并在房屋抗震、遮阳、防雨、通风、装饰等方面进行了大胆创新发展，形成了独特的风格，其鲜明之处就在于无一统的构成机体，明显显示出依山傍水、穷中出智、拙中藏巧、自然质朴的创造性，在相当长的时间和特定的区域里对纳西民族的发展也产生了巨大的影响。丽江民居是研究中国建筑史、文化史不可多得的重要遗产。

（4）自然美与人工美的有机统一。

丽江古城是古城风貌整体保存完好的典范。依托三山而建的古城，与大自然产生了有机而完整的统一，古城瓦屋，鳞次栉比，四周苍翠的青山，把紧连成片的古城紧紧环抱。城中民居朴实生动的造型、精美雅致的装饰是纳西族文化与技术的结晶。古城所包涵的艺术

来源于纳西人民对生活的深刻理解，体现人民群众的聪明智慧，是地方民族文化技术交流融汇的产物，是中华民族宝贵建筑遗产的重要组成部分。

（5）丰富的民族传统文化。

丽江古城的繁荣已有800多年的历史，它已逐渐成为滇西北经济文化中心，为民族文化的发展提供了良好的环境条件，聚居在这里的纳西族与其他少数民族一道创造了光辉灿烂的民族文化。不论是古城的街道、广场牌坊、水系、桥梁，还是民居装饰、庭院小品、楹联匾额、碑刻条石，无不渗透着纳西人的文化修养和审美情趣，无不充分体现地方民族宗教、美学、文学等多方面的文化内涵、意境和神韵，展现历史文化的深厚和丰富内容。尤其是具有丰富内涵的东巴文化、白沙壁画等传统文化艺术更是为人类文明史留下了灿烂的篇章。

（6）丽江古城的真实性。

丽江古城从城镇的整体布局到民居的形式，以及建筑用材料、工艺装饰、施工工艺、环境等方面，均完好地保存古代风貌，首先是道

路和水系维持原状，五花石路面、石拱桥、木板桥、四方街商贸广场一直得到保留。民居仍是采用传统工艺和材料在修复和建造，古城的风貌已得到地方政府最大限度的保护，所有的营造活动均受到严格的控制和指导。丽江古城一直是由民众创造的，并将继续创造下去。作为一个居民的聚居地，古城局部与原来形态和结构相背离的附加物或是"新建筑"正被逐渐拆除或整改，以保证古城本身所具有的艺术或历史价值得以充分发扬。

以上所述的丽江古城是具有综合价值与整体价值的历史文化名城，列入世界文化遗产名录并加以保护，才能使其得以永久传世，并更好地发挥其所具有的世界意义。

3.古城的文化遗产

（1）古街。

丽江街道依山势而建，顺水流而设，以红色角砾岩（五花石）铺就，雨季不泥泞、旱季不飞灰，石上花纹图案自然雅致，质感细腻，与整个城市环境相得益彰。四方街是丽江古街的代表，位于古城的核心位置，不仅是大研古城的中心，也是滇西北地区的集贸和商业中心。四方街是一个梯形小广场，五花石铺地，街道两旁的店铺鳞次栉比。其西侧的制高点是科贡坊，为风格独特的三层门楼。西有西河，东为中河。西河上设有活动闸门，可利用西河与中河的高差冲洗街面。从四方街四角延伸出四大主街：光义街、七一街、五一街和新华街，又从四大主街岔出众多街巷，如蛛网交错，四通八达，从而形成以四方街为中心、沿街逐层外延的缜密而又开放的格局。

（2）古桥。

在丽江古城区内的玉河水系上，飞架有354座桥梁，其密度为平均每平方千米93座。形式有廊桥（风雨桥）、石拱桥、石板桥、木板桥等。较著名的有锁翠桥、大石桥、万千桥、南门桥、马鞍桥、仁寿桥，均建于明清时期。大石桥为古城众桥之首，位于四方街东向100米，由明代木氏土司所建，因从桥下河水中可看到玉龙雪山倒影，又名"映雪桥"。该桥系双孔石拱桥，拱圈用板岩石支砌，桥长10余米，桥宽近4米，桥面用传统的五花石铺砌，坡度平缓，便于两岸往来。

（3）木府。

木府原系丽江世袭土司木氏衙署，"略备于元，盛于明"。历经战乱动荡，1998年春重建，并在府内设立了古城博物院。修复重建的木府占地30670平方米，坐西向东，沿中轴线依地势建有忠义坊、义门、前议事厅、万卷楼、护法殿、光碧楼、玉音楼、三清殿、配殿、阁楼、戏台、过街楼、家院、走廊、宫驿等15幢，大大小小计162间。衙内挂有几代皇帝钦赐的11块匾额，上书"忠义""诚心报国""辑宁边境"等。有人评价："木府是凝固的丽江古乐，是当代的创世史诗。"

（4）五凤楼。

五凤楼（原名法云阁），位于黑龙潭公园北端，始建于明万历二十九年（1601年），1983年被公布为云南省重点文物保护单位。楼高20米，为层甍三重檐结构，基呈亚字形，楼台三叠，屋担八角，三层共24个飞檐，就像五只彩凤展翅来仪，故名"五凤楼"。全楼共有

32根柱子落地，其中四根中柱各高12米，柱上部分用斗架手法建成，楼尖贴金实顶。天花板上绘有太极图、飞天神王、龙凤呈祥等图案，线条流畅，色彩绚丽，具有汉、藏、纳西等民族的建筑艺术风格，是中国古代建筑中稀世珍宝和典型范例。

（5）白沙民居建筑群。

白沙民居建筑群位于大研古城北8千米处，曾是宋元时期丽江政治经济文化的中心。白沙民居建筑群分布在一条南北走向的主轴上，中心有一个梯形广场，四条巷道从广场通向四方。民居铺面沿街设立，一股清泉由北面引入广场，然后融入民居群落，极具特色。白沙民居建筑群形成和发展为后来丽江大研古城的布局奠定了基础。

（6）束河民居建筑群。

束河民居建筑群在丽江古城西北四千米处，是丽江古城周边的一个小集市。束河依山傍水，民居房舍错落有致。街头有一潭泉水，称为"九鼎龙潭"，又称"龙泉"。青龙河从束河村中央穿过，建于明代的青龙桥横跨其上。青龙桥高4

米，宽4.5米，长23米，是丽江境内最大的石拱桥。桥束侧建有长32米，宽27米的四方广场，形制与丽江古城四方街相似，同样可以引水洗街。

4.世界遗产委员会评价

古城丽江把经济和战略重地与崎岖的地势巧妙地融合在一起，真实、完美地保存和再现了古朴的风貌。古城的建筑历经无数朝代的洗礼，饱经沧桑，它融汇了各个民族的文化特色而声名远扬。丽江还拥有古老的供水系统，这一系统纵横交错、精巧独特，至今仍在有效地发挥着作用。

二、三江并流

1.遗产简介

"三江并流"自然景观位于青藏高原南延部分的横断山脉纵谷地区，由怒江、澜沧江、金沙江及其流域内的山脉组成，整个区域达4.1万平方千米。它地处东亚、南亚和青藏高原三大地理区域的交界处，是世界上罕见的高山地貌及其演化的代表地区，也是世界上生物物种最丰富的地区之一。同时，该

地区还是16个民族的聚居地，是世界上罕见的多民族、多语言、多种宗教信仰和风俗习惯并存的地区。

"三江并流"是指金沙江、澜沧江和怒江这三条发源于青藏高原的大江在云南省境内自北向南并行奔流170多千米，穿越担当力卡山、高黎贡山、怒山和云岭等崇山峻岭之间，形成世界上罕见的"江水并流而不交汇"的奇特自然地理景观。其间澜沧江与金沙江最短直线距离为66千米，澜沧江与怒江的最短直线距离不到19千米。

它地处东亚、南亚和青藏高原三大地理区域的交界处，是世界上罕见的高山地貌及其演化的代表地区，也是世界上生物物种最丰富的地区之一。景区跨越丽江地区、迪庆藏族自治州、怒江傈僳族自治州三个地州。

"三江并流"地区是世界上蕴藏最丰富的地质地貌博物馆。4000万年前，印度次大陆板块与欧亚大陆板块大碰撞，引发了横断山脉的急剧挤压、隆升、切割，高山与大江交替分布，形成世界上独有的三江并行奔流170千米的自然奇观。

"三江并流"景区内高山雪峰横亘，海拔变化呈垂直分布，从760米的怒江干热河谷到6740米的卡瓦格博峰，汇集了高山峡谷、雪峰冰川、高原湿地、森林草甸、淡水湖泊、稀有动物、珍贵植物等奇观异景。景区有118座海拔5000米以上、造型迥异的雪山。与雪山相伴的是静立的原始森林和星罗棋布的数百个冰蚀湖泊。海拔达6740米的梅里雪山主峰卡瓦格博峰上覆盖着万年冰川，晶莹剔透的冰川从峰顶一直延伸至海拔2700米的明永村森林地带，是目前世界上最为壮观且稀有的低纬度低海拔季风海洋性现代冰川。千百年来，藏族人民把梅里雪山视为神山，恪守着登山者不得擅入的禁忌。

2. 文化价值

和其他许多亚洲国家一样，自然和文化在中国被看作是不可分离的一个整体。特别是在被提名区域，这一点显得尤为突出。藏族、傈僳族、怒族、独龙族、白族、普米族和纳西族等少数民族已经在这一区域中居住了数千年，数千年来，他们使用的都是该地区的可及资源（绝大

部分都用于生存必需）。在许多方面都体现出他们丰富的文化和土地之间的所具有的明显关联：他们的宗教信仰、神话、艺术、舞蹈、音乐、诗歌和歌曲等。该区域文化遗产的延续存在得到了管理规划的明确承认和支持，并体现在该地区的标语和商标之上。

3. 自然情况

三江并流区域（延伸幅宽）由云南省西北山区7个地理分布群中的15个保护区构成。这7个地理分布群又包含在一个更辽阔的面积达3400平方千米的地理单元之内，这个地理单元在地区的行政管理上被称为"三江并流国家公园"。提名保护区的北部边界和西部边界分别邻接着西藏和缅甸。区域名称的提法源自该区域包含了亚洲三大江河的上游部分，即扬子江（金沙江段）、湄公河（澜沧江段）以及萨尔温江（中国境内称"怒江"）。这里，三条江河的走势大致平行，由北向南流动，穿过陡峭的峡谷，布满深度达3000米的峡谷。在这三条江河的最接近位置，三个峡谷仅仅只相隔18和66千米，在70千米

处，第四条平行江——独龙江，沿着西部边缘流淌直到作为伊洛瓦底河系的上游源头之一流入缅甸。

1700平方千米的区域由横断山脉的大部分所组成，横断山脉的主弧线从喜马拉雅山的东端蜿蜒进入印中区域。整个区域从北至南的延伸幅宽为310千米（29°～25°30′北），从东至西的延伸幅宽为180千米（98°～100°30′东）。在云岭、高黎贡、哈巴和白蟒山脉区域内共有100多座海拔超过5000米的山峰，而位于西藏自治区边界的梅里雪山则拥有海拔超过6000米令人难忘的被冰川所覆盖的山峰。其中，最高的山峰是卡瓦吉布山（6740米），从这座山峰开始，中国最南端的冰川——闽咏卡开始向下降落到海拔2700米。

被提名区域处于造山带之内，那里，欧亚板块的边缘被下层的印度洋板块所挤压，好像欧亚板块正沿着澜沧江断层被抽去一样。由于横断山脉向上隆起并形成强烈切峰，因此，之前就已经存在的河流就继续向下侵蚀，导致山脉和峡谷产生极端的垂直起伏。存在着四种

类型明显的火成岩：超碱性火成岩、碱性火成岩、中等酸性岩、碱性岩以及蛇绿岩（火成岩的自然集群曾经是海床表层）。贯穿整个区域的多种岩石类型向人们提供了充分的证据证明了古地中海下的海洋演变进程，如在中生代早期存在的浅海以及劳亚古大陆地块在北部和冈瓦纳古大陆南部的分离。

这一区域同样也拥有突出的地貌多样性，特别是那些阿尔卑斯式地形风景。整个区域拥有400多个冰川湖泊，每一个湖泊均被冰堆石及其他冰川地形所围绕。充满了各种各样壮观的冰川岩溶特征，其中包括喀斯特溶洞、钙质凝灰岩沉淀以及冰川岩溶峰丛，等等。此外还有大面积的花岗岩山峰群和砂岩巨型独石柱，后者中最令人难忘的就是阿尔卑斯丹霞地形（被风、水侵蚀的早第三纪红色石灰质砂岩）。上述多样的地貌特征使这一地区具有了巨大的风景和地质价值。

这一区域的气候多样性和它的地貌特征一样突出，整个气候变化不一，范围覆盖了山谷流域中的亚热带气候直到雪峰上的严寒气

候。在西部，来自印度洋的西南季风带来的年降雨量达到4600毫米并形成了海拔超过5000米的永久性积雪山峰。随着季风向东移动，这种潮湿空气流所产生的影响会迅速消散，因此，形成了另一个极端，处于雨影区的区域每年得到的降雨量仅仅只有300毫米。太平洋季风对该地区东南部的影响相对较小，但是太平洋季风却在山谷流域形成了潮湿的亚热带气候条件。恒久不散的雾把人类的居住区限制在了2500米以上。三江并流区域是中国生物多样性的一个中心。横断山脉的南部区域被中国科学院认定是中国11个"陆地生物多样性资源关键保护区"中最重要的一个资源保护区。此外，它也被公认为是世界25个主要生物多样性"热区"之一。其中，构成这一地区突出的生物多样性的原因共有四个因素。

南-北流域为生物群的长期运动提供了一个运动走廊。横断山脉是世界上三个主要生物地理区：东亚、东南亚和西藏高原的混合区域。世界野生动植物基金会（WWF）认为云南的西北区域正

处于这五个"生态区域"的交界处。这一区域具有引人注目的海拔梯度：山脉的峰顶海拔可以达到5000米～6500米而下方峡谷中的河堤海拔则只有1500米～2000米。这一区域的大部分均受到季风气候（潮湿的夏天）的影响。

云南省西北区域的大部分地区在更新世冰期期间处于无冰状态，从而为这一"保护区"内的各类动植物提供了相对平静的生存环境。

这一区域为中国提供了极其丰富多样的高等植物种类以及大量引人注目的真菌类和苔类植物。其中，经过编目和分类的植物品种超过6000种，分别属于22类已经辨认的植物群落，其范围涵盖了从炎热干燥谷平原的热带干草原灌丛带到常绿林、落叶林以及各种针叶林直到高山草原整个范围内的植被种类。这些多样的植被群落包含了中国高等植物种类的20%以上，并覆盖了2700种本地植物，是中国所特有的地方性特征（分布在45个地域三个类属之内），其中的600种高等植物为云南省西北地区所特有，三江并流保护区覆盖了其中1500种

高等植物的典型生长区域。

这一区域的发展历史标志着生物物种从残遗群落和原始系向高度进化物种的演变，并且，这一区域拥有中国8.5%的稀有濒危物种。

这一区域的杜鹃花属种类超过200种以上，龙胆属植物和樱草属植物的种类超过100种以上，并包含着许多不同种类的百合和兰花以及许多中国特有的令人瞩目的装饰性植物，如银杏、鸽子树、四种蓝罂粟，以及两种苏铁属植物。由于雷·吉恩、马里·德拉维、乔治·弗雷斯特以及法兰克·金顿－沃德等人所作出的杰出工作，使这一地区以欧洲植物的收集历史而著名，这些人让西部的园艺学家了解了这些欧洲植物。松柏类植物的多样性同样十分突出，除了拥有大量的主要山地森林树木（冷杉属、云杉属、松属以及落叶松属）之外，还有许多本区域特有的或是稀有的松柏植物。此外还有大约20种稀有的濒危植物，这些植物经受住了更新世冰期的考验，属于残留物种，其中包括云南紫杉。

在动物多样性方面，这一区域同样是中国，很可能也是北半球中最令人瞩目的地区。被提名区域内的动物群落区系中的2/3属于地方特有区系或是属于喜马拉雅山脉——横断山脉型的动物群。这一区域被认为拥有中国25%以上的动物物种，其中，许多是残遗群落和濒危物种。许多中国的稀有濒危动物都生活在被提名区域范围之内，其中，有80种动物列在中国动物红皮书之上，这80种动物中有20种被认为是濒危动物；有79种动物被列在1997年的濒临绝种野生动植物国际贸易公约（CIIES）的附录之上；有57种动物被列在国际自然与自然资源保护联合会（IUCN）的世界濒危动物红色名单之上。在靠近东亚、东南亚和西藏生物地理分布区的边界位置上，这一区域同时还为每一地区众多的物种提供了一个满足并达到它们各自分布界限的走廊。大多数稀有濒危动物都生活在这一区域的西部地区，特别是缅甸边界上狭窄而悠长的高黎贡山脉以及位于澜沧江和金沙江之间的云岭山脉之中。

在被提名区域中，大约40%的保护区是27.8万人的栖息地，而其中的3.6万户居民居住在中心区（绝大多数从事自给型农业）。

丽江老君山分布着中国面积最大、发育最完整的丹霞地貌，它镶嵌在莽莽原始森林的万绿丛中，璀璨夺目。有不少红色岩石表面风化形成龟裂状构造，其中一座山坡形如千万只小龟组成的一只大龟，排列自然而有序，仿佛向着太阳升起的东方行进。

"三江并流"地区被誉为"世界生物基因库"。由于"三江并流"地区未受第四纪冰期大陆冰川的覆盖，加之区域内山脉为南北走向，因此这里成为欧亚大陆生物物种南来北往的主要通道和避难所，是欧亚大陆生物群落最富集的地区。

这一地区占我国国土面积不到0.4%，却拥有全国20%以上的高等植物和全国25%的动物种数。目前，这一区域内栖息着珍稀濒危动物滇金丝猴、羚羊、雪豹、孟加拉虎、黑颈鹤等77种国家级保护动物和秃杉、桫椤、红豆杉等34种国家级保护植物。

每年春暖花开时，这里绿毯般的草甸上、幽静的林中、湛蓝的湖边，到处是花的海洋，可以观赏到200多种杜鹃、近百种龙胆、报春及绿绒蒿、杓兰、百合等野生花卉。因此，植物学界将"三江并流"地区称为"天然高山花园"。

同时，该地区还是16个民族的聚居地，是世界上罕见的多民族、多语言、多种宗教信仰和风俗习惯并存的地区。长期以来，"三江并流"区域一直是科学家、探险家和旅游者的向往之地，他们对此区域显著的科学价值、美学意义和少数民族独特文化给予了高度评价。

4.世界遗产委员会评价

1985年联合国教科文组织的一名官员从卫星扫描图片中发现了这一举世瞩目的奇观，从此引起全世界的关注。1988年经国务院批准，"三江并流"被定为第二批国家级风景名胜区。

2003年7月2日，联合国教科文组织第27届世界遗产大会一致决定，将中国云南省西北部的"三江并流"自然景观列入联合国教科文组织的《世界遗产名录》，从而使中国被列入这一名录的自然和文化遗址达到了29处。

第十一章

⚫ ⚫ ⚫ ⚫

西藏自治区的文化与自然遗产

⚫ ⚫ ⚫ ⚫ ⚫ ⚫ ⚫ ⚫ ⚫ ⚫ ⚫ ⚫ ⚫ ⚫ ⚫

西藏布达拉宫

1. 概况

举世闻名的布达拉宫，耸立在中国西南部西藏自治区首府西藏拉萨市红山之上，是一座规模巨大的宫殿。在当地信仰藏传佛教的人民心中，这座小山犹如观音菩萨居住的普陀山，"布达拉"为梵语"普陀"的藏语音译，因而称此为"布达拉"。布达拉宫规模庞大，气势宏伟，依山势而建，是著名的藏式宫堡式建筑，也是藏族古代建筑和中国古代建筑艺术的杰出代表，享有"世界屋脊上的明珠"的美誉，堪称一座建筑艺术与佛教艺术的博物馆，也是中华各民族团结和国家统一的铁证。

布达拉宫始建于公元7世纪藏王松赞干布时期，距今已有1300多年的历史。唐初，松赞干布迎娶唐朝宗室女文成公主为妻，"筑一城以夸后世"，在当时的红山上建9层楼宫殿999间，取名"布达拉宫以居公主"。据史料记载，红山内外围城三重，松赞干布和文成公主宫殿之间有一道银铜合制的桥相连。布达拉宫东门外有松赞干布的跑马场。当由松赞干布建立的吐蕃王朝灭亡时，布达拉宫的大部分毁于战火。明末，在蒙古固始汗的武力支持下，五世达赖建立葛丹颇章王朝。达赖五世受清朝册封后，于1645年开始重建布达拉宫，五世达赖由葛丹章宫移居白宫顶上的日光殿，1690年，在第巴桑杰嘉错的主持下，修改红殿五世达赖灵塔殿，1693年竣工。历时近50年，始具今日规模。到第十三世达赖，布达拉宫又进行了历时8年的修建。据说，这次修建，仅白银就花费了213万两。从松赞干布到十四世达赖，在这1300多年间，先后有9个藏王和10个达赖喇嘛曾在这里施政布教。1998年国家拨出巨款，对这座自17世纪以来没有大修过的宫殿进行维修。

布达拉宫海拔3700多米，占地总面积36万余平方米，建筑总面积13余万平方米，东西长360多米，主楼高117米，共13层，其中宫殿、灵塔殿、佛殿、经堂、僧舍、庭院等一应俱全，是当今世界上海拔最高、规模最大的宫殿式建筑群。布达拉宫自山脚向上，直至山顶，重重叠叠，迂回曲折，同山体融合在一起，高高耸立，巍峨壮观。宫墙红白相间，宫顶金碧辉煌，具有强烈的艺术感染力。其主体由东部横贯两翼的白宫（达赖喇嘛居住的地方），中部的红宫（佛殿及历代达赖喇嘛灵塔殿）以及周边与之相搭配的各种建筑组成。此外，布达拉宫还包括山上的僧官学校、僧舍、东西庭院以及山下的雪老城、西藏地方政府马基康、印经院、监狱、马厩、布达拉宫后园、龙王潭等附属建筑，构成了一个统一的整体环境。众多的建筑虽属历代不同时期建造，但都十分巧妙地利用了山形地势修建，使整座建筑显得非常雄伟壮观，而又十分协调完整，是我国古代建筑的杰出典范。它是藏传佛教寺庙与宫殿建筑完美结合的杰出代表，在中国乃至世界上都是绝无仅有的例证。布达拉宫作为藏传佛教典型的宫堡式建筑，它的建筑结构除充分保持邸宅与碉堡相结合的藏族建筑传统外，还由于有汉族及西亚等地区匠师的参与设计和施工，故在装饰上又有了汉民族和尼泊尔等国的建筑、装饰风格，在我国建筑史上留下了民族团结、中外文化交流的印记。

以白宫为主体的建筑群建成于1648年。白宫是历代达赖喇嘛进行政治、宗教管理的地方，建筑坐北朝南共7层。东大殿是白宫最大的宫殿，清朝驻藏大臣曾在此为达赖喇嘛主持坐床、亲政大典等仪式，是西藏地方进行重大宗教、政治活动的地方。红宫位于布达拉宫的中部，以红宫为主体的建筑群竣工于1694年，共6层，这里是供奉历代达赖喇嘛灵塔以及进行各种宗教活动的场所。红宫前面有一白色高耸的墙面为晒佛台，在佛教的节日用来悬挂大幅佛像挂毯。红宫内环绕正殿共有8大祭堂，每一祭堂各有一座灵塔，其中以五世和十三世达赖喇嘛的灵塔最为奢华，塔身全部用金皮包镶，通体饰以珠宝玉石镶嵌的各种图案。从灵塔殿穿过一小门便进入西大殿，它是红宫内最大的一座殿堂——五世达赖喇嘛的享堂，一些重大的佛事活动均在此举行。红宫的最高层叫"萨松郎杰"，殿内供有乾隆帝画像及皇帝牌位。清代，各世达赖每逢藏历年初一和皇帝生日都要来此朝拜。在白宫的最高处，有历代达赖喇嘛生活起居的东西两套寝室，分别称东、西日光殿，内设经堂、客厅、经室、卧室，陈设非常豪华。

布达拉宫整体为石木结构宫殿，外墙厚达2米～5米，基础直接埋入岩层。墙身全部用花岗岩砌筑，高达数十米，每隔一段距离，中间灌注铁汁，进行加固，提高了墙体抗震能力，坚固稳定。屋顶和窗檐用木质结构，飞檐外挑，屋角翘起，铜瓦鎏金，用鎏金经幢、宝瓶、摩蝎鱼和金翅乌做脊饰。闪亮的屋顶采用歇山式和攒尖式，具有汉代建筑风格。布达拉宫宫顶浮光跃金，辉煌夺目，是一个金碧辉煌的艺术世界。屋檐下的墙面装饰有鎏金铜饰，形象都是佛教法器式八宝，有浓重的藏传佛教色彩。柱身和梁枋上布满了鲜艳的彩画和华丽的雕饰。内部廊道交错，殿堂杂陈，空间曲折莫测，置身其中，仿佛步入神秘世界。

布达拉宫是文物的宝库。300余年来，布达拉宫大量收藏和保存了极为丰富的珍贵历史文物和佛教艺术品。其中有2500余平方米的壁画、近千座佛塔、上万座塑像、上万幅唐卡，还有金银器、铜铁器、珐琅器、漆器、竹雕器、骨角象牙器、珠玉宝石、织绣、石刻、印章、货币、典籍、文献资料以及宗教法器、供器等各类历史文物和宗教文物几十万件，仅珍贵的梵文贝叶经就有500余卷，还有释迦牟尼的舍利子，另外，还有明清以来中央政府关于西藏的各种封达赖喇嘛的金册、玉册、金印和乾隆皇帝御赐的为挑选达赖转世灵童而设的金本巴瓶。

绘画是布达拉宫重要的组成部分，几乎所有的殿堂内壁上都装饰有壁画、图形、唐卡（卷轴画）和木刻版画，木构件也尽是雕梁画栋。因此，有人称布达拉宫内的唐卡（卷轴）为藏族绘画、雕塑艺术的博物馆。而尤其独特的是色彩绚丽的壁画，这些壁画在大小宫殿、门厅、回廊等地方无处不在。这些以矿物颜料为主的壁画，生动地描绘了佛教典故、藏族人民丰富多彩的生产和生活以及修建布达拉宫、五世达赖赴京觐见顺治皇帝、文成公主进藏等重大历史事件，是一部画在墙上的历史。这些壁画有的以单幅表现，有的以横卷形式将画面连缀，用笔工细，画面生动，人物形态栩栩如生。如今这些壁画也就成为研究西藏历史和艺术发展的重要资料，是珍贵的民族文化遗产的重要组成部分。唐卡是最富有藏族特色的一个画种。布达拉宫保存有

布达拉宫

近万幅唐卡，最长的可达几十米。这是一种用彩缎装裱，画在绢、布或纸上的卷轴画，主要以宗教人物、宗教历史事件、教义等为内容，也涉及西藏天文历法、藏医藏药等题材。

布达拉宫可谓佛的世界，大小各类佛像不计其数，有泥塑重彩、木雕、石刻，最多的还是金、银、铜、铁等金属塑像。这里藏有隋代和唐代的释迦牟尼木雕像、明代的金制佛像以及大量用金、银、铜、玉、泥、犀牛角制成的佛像和佛教大师们的塑像，这些雕塑造型精美，高的可达10余米，小的仅几厘米。

（1）大昭寺。

大昭寺位于拉萨市区的东南

大昭寺主殿顶的金法轮的卧鹿

部，始建于唐贞观二十一年（647年）。先后被称为"惹刹""逻些"等，9世纪改称"大昭寺"，意为"存放经书的大殿"，清代（1636～1911年）又称其为"伊克昭庙"。它是西藏地区最古老的一座仿唐式汉藏结合木结构建筑。大昭寺初建时只有8间殿堂。15世纪宗喀巴在此创建了喇嘛教格鲁派，寺庙的香火日渐繁盛起来。17世纪时五世达赖喇嘛对大昭寺进行了大规模的扩建和修葺，最终形成了占地面积2.51万平方米的庞大建筑群。

大昭寺的主要建筑为经堂大殿。大殿高四层，建筑构件为汉式风格，柱头和屋檐的装饰则为典型的藏式风格。大殿的一层供奉有唐代（618～907年）文成公主带入西藏的释迦牟尼金像。二层供奉有松赞干布、文成公主和赤尊公主的塑像。三层为一天井，是一层殿堂的屋顶和天窗。四层正中为四座金顶。佛殿内外和四周的回廊满绘壁画，面积达2600余平方米，题材包括佛教、历史人物和故事。此外，寺内还保存了大量珍贵文物，寺前矗立的"唐蕃会盟碑"，更是汉藏两族人民友好交往的历史见证。

（2）罗布林卡。

罗布林卡位于布达拉宫西侧约2千米的拉萨河畔。"罗布林卡"在藏语中意为"宝贝园林"。它始建于公元18世纪中叶，是历世达赖喇嘛处理政务和进行宗教活动的夏宫。自七世达赖以后，历世达赖喇嘛均曾对罗布林卡进行扩建，其中以八世和十三世达赖进行的扩建规模最为宏大。八世达赖扩建后，使罗布林卡明显具备了园林特点。十三世达赖主要辟建了"金色林"，并在园林西部修建了金色颇章等建筑。

罗布林卡的占地面积约为360万平方米。园内有植物100余种，不仅有拉萨地区常见花木，而且有取自喜马拉雅山南北麓的奇花异草，还有从内地移植或从国外引进的名贵花卉，堪称高原植物园。

罗布林卡由格桑颇章、金色颇章、达旦明久颇章等几组宫殿建筑组成，每组建筑又分为宫区、宫前区和林区三个主要部分。以格桑颇章为主体的建筑群，位于第二重围墙内南院的东南部。以措吉颇章（湖心亭）为主体的建筑群，位于格桑颇章西北约120米处，是罗布林卡中最美丽的景区。以金色颇章为主体的建筑群，位于罗布林卡西部。各组建筑均以木、石为主要材料建成，规划整齐，具有明显的藏式建筑风格。主要殿堂内的墙壁上均绘有精美的壁画。此外，罗布林卡内还珍藏有大量的文物和典籍。

布达拉宫于1961年被国务院批准为第一批全国重点文物保护单位。1994年布达拉宫正式被联合国教科文组织作为文化遗产列入《世界遗产名录》。2000年11月，西藏现存最辉煌的吐蕃时期建筑，也是西藏最早的木结构建筑——大昭寺作为布达拉宫扩展项目被列为《世界遗产名录》。2001年11月，西藏著名的古代园林，原七世至十四世达赖喇嘛的夏宫——罗布林卡也作为扩展项目被列为《世界遗产名录》。

2.文化遗产

布达拉宫号称"世界屋脊上的明珠"，它的宫殿布局、土木工程、金属冶炼、绘画、雕刻等方面均闻名于世，体现了以藏族为主，汉、蒙、满各族能工巧匠的高超技艺和藏族建筑艺术的伟大成就。

（1）高度的建筑艺术成就。

布达拉宫依山建造，由白宫、红宫两大部分和与之相配合的各种建筑所组成。众多的建筑虽属历代不同时期建造，但都十分巧妙地利用了山形地势修建，使整座宫寺建筑显得非常雄伟壮观，而又十分协调完整，在建筑艺术的美学成就上达到了无比的高度，构成了一项建筑创造的天才杰作。

（2）藏传佛教寺庙与宫殿建筑相结合的例证。

布达拉宫的建筑艺术，是数以千计的藏传佛教寺庙与宫殿相结合的建筑类型中最杰出的代表，在中国乃至世界上都是绝无仅有的例证。

布达拉宫现存的设计、材料、工艺、布局等均保存自公元7世纪始建以来历次重大增扩建和重建的原状，真实性很高。

（3）建筑装饰艺术的伟大成就。

布达拉宫不仅在整体建筑上有着创造性的高度成就，而且它各部分的设计、艺术装饰（雕刻、彩画等）都达到了很高的成就。

（4）重大的历史和宗教意义。

布达拉宫过去曾是政教合一的统治中心，与西藏历史上的重要人物松赞干布、文成公主、赤尊公主和历代达赖喇嘛等有着十分重要的关系，因而有着重大的历史意义和宗教意义。

3.世界遗产委员会评价

布达拉宫和大昭寺，坐落在拉萨河谷中心海拔3700米的红色山峰之上，是集行政、宗教、政治事务于一体的综合性建筑。它由白宫和红宫及其附属建筑组成。布达拉宫自公元7世纪起就成为达赖喇嘛的冬宫，象征着西藏佛教和历代行政统治的中心。优美而又独具匠心的建筑、华美绚丽的装饰与天然美景间的和谐融洽，使布达拉宫在历史和宗教特色之外平添几分风采。大昭寺是一组极具特色的佛教建筑群。建造于公元18世纪的罗布林卡，是达赖喇嘛的夏宫，也是西藏艺术的杰作。

这三处地点风景优美，建筑创意新颖，加之它们在历史和宗教上的重要性，构成一幅和谐融入了装饰艺术之美的惊人胜景。

第十二章

◉　◉　◉　◉

澳门的文化与自然遗产

◉　◉　◉　◉　◉　◉　◉　◉

澳门历史城区

1.遗产介绍

"澳门历史城区"是以旧城区为核心的历史街区，由妈阁庙前地、亚婆井前地、岗顶前地、议事亭前地、大堂前地、板樟堂前地、耶稣会纪念广场、白鸽巢前地等多个广场空间，以及妈阁庙、港务局大楼、郑家大屋、圣老楞佐教堂、圣若瑟修院及圣堂、岗顶剧院、何东图书馆、圣奥斯定教堂、民政总署大楼、三街会馆（关帝庙）、仁慈堂大楼、大堂（主教座堂）、卢家大屋、玫瑰堂、大三巴牌坊、哪吒庙、旧城墙遗址、大炮台、圣安多尼教堂、东方基金会会址、基督教坟场、东望洋炮台（含东望洋灯塔及圣母雪地殿圣堂）等20多处历史建筑相连组成，是中国境内现存年代最远、规模最大、保存最完整和最集中的历史建筑群，建筑风格中西合璧。

19世纪前澳门发展成中国主要的对外港口，也是亚洲地区重要的国际港口。贸易的繁荣，经济的进步，吸引了世界各地更多不同国家不同种族的人前来，由此澳门衍生为一个融合欧、亚、非、美四洲人民的"华洋杂居"的国际城市。葡萄牙人称之为：天主圣名之城。澳门历史城区就是它的核心部分。

400多年间，来自葡萄牙、西班牙、荷兰、英国、法国、意大利、美国、日本、瑞典、印度、马来西亚、菲律宾、朝鲜甚至非洲地区等等不同地方的人，将不同的文化思想，不同的职业技艺，不同的风俗习惯灌输到澳门这块土地上。建筑以及装饰、文艺思想等各方面都受到了许多西方文化的影响，以至于使澳门成为中国境内接触近代西方器物与文化最早、最多、最重要的地方，是当时中国接触西方文化的桥头堡。

与此同时，澳门也是一道外国认识中国的门户，居住在澳门的外国人同样以各种方式吸收着中国文化和思想。

2.列入世界文化遗产的原因

最突出的价值有两点：一是澳门的历史建筑同时承载了东西方文化的特点，反映了东西方文化的交融。二是澳门处于海陆交通的便利位置，中西方文化在这里交融后向外辐射，对中国内陆、日本、朝鲜半岛和东南亚的文化影响都很大。

开创中国数个第一：明末清初，大量天主教传教士以澳门为传教基地，积极从事远东地区的传教工作，并由此创造出中西文化交流的辉煌篇章。这些传教士来自不同的修会，他们为中国带来了西方近代的科学技术及人文艺术，又向西方介绍了中国的文化成就。而作为基地的澳门，在各修会的努力建设下，开创了许多"中国第一"的事业：中国第一所西式大学（圣保禄学院）、中国第一所西式医院（白马行医院）、中国第一所以西方金属制版和印刷拉丁文字的印刷厂（圣保禄学院附属印刷所）、中国第一份外文报纸（《蜜蜂华报》）等。

到19世纪，随着第一位传教士马礼逊来到中国大陆，基督新教也以澳门为基地之一，积极开展传教活动。比如中国第一位新教徒蔡高就是由马礼逊在澳门为其洗礼，此外，由马礼逊编写的《华英字典》也在澳门出版。而由新教徒在澳门开办的"马礼逊学校"更将近代西式学校教育模式引入中国，培养出容闳等著名学生。

另一方面，澳门民间的妈祖崇拜，表现了澳门与中国闽粤沿海居民妈祖信仰一脉相承的关系。但是，由于社会和历史环境的特殊性，澳门的妈阁庙在中国众多的妈祖庙中又别具特色。它既有中国以至海外妈祖崇拜传播和组织的典型特征，又因澳门是近代中国与西方接触最重要的商港，使妈阁庙成为最早向欧洲传播妈祖文化的地方。

3.文化遗产

妈阁庙

妈阁庙原名"妈祖阁"，始建于明朝弘治元年（1488年），又名"正觉禅林""海觉寺""妈祖庙""天后庙"，位于澳门半岛南端的妈阁山上，主要由入口大门、牌坊、正殿、弘仁殿、观音殿及正觉禅林组成。是澳门三大禅院（妈阁庙、普济禅院、莲峰庙）之首，至今有500多年历史。传说"妈祖"其人善神通，经常在海上搭救遇难船只，故此被奉为"海上保护女神"，后又称"天后娘娘"。现在的"妈祖"已不仅仅是一种崇拜，更成为了一种文化。

港务局大楼

港务局大楼建于1874年，旧称"嚤啰兵营"，俗称"水师厂"，位于妈阁内港入口附近的山坡地，由意大利人卡苏索（Cassuto）所设计。最初是澳门印度警察的营地，1905年改为澳门港务局和水警稽查队的办公地点，因此得名"水师厂"。

大楼为阿拉伯建筑风格，有两层，穆斯林式穹顶，顶部设有台风信号站，外有墙柱窗，配合通花围栅。

郑家大屋

郑家大屋约建于1881年，是中国近代著名思想家郑观应的故居，位于妈阁街侧，建筑面积约4000平方米，入口在东北方向的龙头左巷，面对阿婆井前地。建筑风格是典型的中式传统风格，岭南派院落式大宅，由两座并列的四合院建筑以及由内院连接的仆人房区建筑及大门建筑等组成，采用三进深三开间式，其间以水巷相连，檐壁上绘有中式壁画或浮雕装饰。

圣老楞佐教堂

圣老楞佐教堂大约始建于1569年，位于风顺堂街，起初不过是耶稣会会士创建的一座木制小教堂，后经多次重修，成为澳门三大古老教堂之一。

据说每当商人的船只外出贸易

返回澳门时，其家眷就站在教堂的台阶上呼唤等候，祈求一帆风顺，因此该教堂又称"风顺堂"。

教堂前有左右两排石梯直达大门前，左右钟楼并峙，沿石梯而上，就是雄伟的教堂正厅，屋顶是中式的金色瓦面，外墙为黄色，内饰古典吊灯。整个肃穆庄严的教堂被围绕在鸟语花香、清静宜人的环境中。

圣若瑟修院大楼及圣堂

根据历史记载，圣若瑟修院大楼及圣堂是1728年取得现址，其间建筑经过30年陆续建成，规模仅次于耶稣会士兴建的圣保禄教堂（现大三巴牌坊遗址前身）。建筑位于澳门岗顶前地，属于巴洛克风格，主堂平面呈拉丁十字形，长轴长27米，短轴长16米。

教堂正立面为一雄浑的墙体，顶层两边有对称的钟塔，中间山花中有一耶稣会会徽雕饰。

岗顶剧院（伯多禄五世剧院）

岗顶剧院始建于1860年，为纪念葡萄牙国王伯多禄五世而建，1873年扩建，又于1993年、2001年修护。葡文名称：

伯多禄五世剧院；另称"马蛟戏院""岗顶波楼"。位于澳门岗顶前地，被认定为中国第一所西式剧院，也是南中国海地区最古老的欧式剧院。

建筑正面主要由罗马圆拱式门廊和四组爱奥尼柱式倚柱组成的三个券洞形成，整个建筑主体颜色为绿色。

何东图书馆

何东图书馆建于1894年（清光绪帝二十年）以前，曾被香港富绅何东爵士于1918年以1.6万购入用做别墅居住，逝后立遗嘱将故居及25000港元购书经费赠予澳门，建立了何东图书馆。公共图书馆在1958年对外开放，以收藏中文古籍为馆藏特色。藏书楼位于二楼，藏有古籍5000余册，其中有明朝嘉靖年间的中国文史典籍，包括近代著名藏书家刘承干的"嘉业堂"藏书16种，极为珍贵。

圣奥斯定教堂

圣奥斯定堂，俗称"岗顶圣堂"（Igreja de Sao Agostinho），位于澳门岗顶前地。据创建此教堂的曼里盖（Frei Francisco

Manrique) 所载，西班牙的奥斯定会之修士在岗顶兴建了会院及恩宠之母小堂。初建时，由于以棕榈树叶作顶，风吹时看似龙须飘飘，故被称为"龙须庙"，后被改成"龙嵩庙"。1589年教堂转属葡萄牙教士后，1591年便在现址兴建了一座供奉圣母的教堂。1872年，教堂的主堂和圣器室坍塌，于是教堂在1875年进行重修，遗留至今。

民政总署大楼（原澳门市政厅）

民政总署大楼1784年由葡萄牙人兴建，后经多次重修，目前规模为1874年重修形成的。

大楼曾用于多个机构，包括贾梅士博物院、书信馆、法院和监狱，后均迁出。2002年1月1日，澳门民政总署成立，取代澳门的市政机构，大楼由此改名为"民政总署大楼"。

三街会馆

三街会馆，又名"关帝庙"，会馆在明代末年已经出现。据重修碑记载：三街会馆初修于清朝乾隆皇帝在位五十七年（1792年）。于清嘉庆九年（1804年）和道光

十五年（1835年）分别进行第二次和第三次大修。其位于澳门特别行政区议事亭前地，为早期澳门华人商家的议事场所。会馆开设之初，即设关帝像供奉。20世纪20年代后，三街会馆逐渐衰微，庙宇成为会馆的主要功能，故被人直呼其为"关帝庙"。

仁慈堂大楼

仁慈堂大楼建于18世纪中叶，位于澳门特别行政区议事亭前地旁边。1905年以新古典主义的表现方式加建拱廊部分。建筑整体除花岗石柱基外，均粉刷以白色，突显立面装饰线的丰富，给人一种安静高雅的感觉。

据《澳门记略校注》一书所记载，仁慈堂下属的老人院及医院等慈善机构的职员都会到该处支取薪水。故仁慈堂又曾被称为"支粮庙"。

大堂

大堂为主教座堂，又称"大庙"，始建于1576年，本为一幢小型木造的建筑，经过多年的风雨剥蚀，残破不堪。1849年，天主教集众捐款，重新改建。并于1850年2

月14日，由澳主教马达主持了初祀典礼。建筑风格富有西班牙色彩，外形庄严纯洁，内部精丽巧饰，大殿祭坛下掩埋着一些教主的遗体，大堂内保存《圣约翰受洗图》《日本天主教徒在长崎被钉十字架图》等多幅宗教名画。

卢家大屋（金玉堂）

卢家大屋（Casa de Lou Kau），又称为"金玉堂"，落成于1889年，位于大堂巷，本是澳著名商人卢华绍（卢九）家族的旧居，是澳门极具价值的中式建筑物，大屋以青砖建造，仿广州西关大屋布局，高两层，内饰风格中西合璧，既有粤中地区常见的砖雕、灰塑、横披、挂落、蚝壳窗，又有西式的假天花、满洲窗及铸铁栏杆等，反映了澳门中西建筑风格合璧的民居特点。

玫瑰堂

玫瑰堂，又名"板樟堂"。由西班牙多明我会教士始建于1587年，初时只以木板搭建，故被华人称为"板樟堂"。17世纪改为砖石结构，1874年因火焚毁重建，形成今日之规模。堂内最先供奉玫瑰圣母，因此称为"玫瑰堂"，1929年后引入葡国花地玛圣母崇拜。

教堂的正面上方刻有玫瑰圣母和圣多明我会的徽号。正面上下共分三层，是17世纪教堂的豪华风格。而内部则由一高阔的主殿及两个侧堂所组成，主祭坛与主殿之间为一圆拱分隔，小祭坛设于侧殿。

大三巴牌坊

大三巴牌坊（Ruins of St.Paul）为1637年竣工的圣保禄大教堂的前壁，是澳门最具代表性的名胜古迹，有东方梵蒂冈之称。其圣保禄大教堂糅合中西风格，雕刻精细，巍峨壮观，可惜于1835年惨遭大火焚毁，仅遗教堂前的68级石阶及花岗石建成的前壁部分，因为它的形状与中国传统牌坊相似，所以取名为"大三巴碑坊"。

从牌坊顶部逐层而下，先是一个高高在上的十字架，向下再分三层，每层的壁龛均藏有一个铜像，铜像是由澳门早年的制炮工厂铸造的。十字架下是一具鸽形铜像，据说是代表圣神，像的旁边围有太阳、月亮及星辰的石刻，象征圣母童贞怀孕一刹那时光，铜鸽之下则是一尊圣婴耶稣雕像。

哪吒庙

哪吒庙建于1888年，位于大三巴牌坊后右侧，依附在旧城墙一侧，为两进式建筑，中间设有天井，是传统中式庙宇中较罕见的例子。后改建于1901年，主要由相连的门厅及正殿组成，除山墙上有少许草尾点缀外，没有其他装饰。庙内供奉的哪吒为神话人物，神通广大，在中国佛教经籍中，称为"护法神"。澳门地区对哪吒的供奉始于17世纪，是澳门本地极具地方色彩的民间信仰。

旧城墙遗址

旧城墙遗址，简称"旧城墙"，是大三巴和哪吒庙后的一道黄土墙遗址。城墙于澳门被葡萄牙

哪吒庙

占据时期兴建，由于明政府一直不允许葡萄牙人私筑城墙，故城墙历来曾数次被拆毁。但澳葡政府以要抵御荷兰入侵为借口，于1632年复建了澳门北部城墙及炮台。而现存的旧城墙遗址部分，正是1632年所复建之一部分。

大炮台

大炮台（又名圣保禄炮台、中央炮台或大三巴炮台）是澳门众多炮台中规模最大、最古老的炮台。它位于澳门半岛中央的柿山（俗名炮台山）之巅，呈正方形，平台上古树参天，绿草如茵。大炮台当初只是一个藏身之处，后来却变为澳门的防御要塞。公元1616年，明神宗年间，为防范海盗，保护圣保禄教堂内教士而改建为炮台，名为"圣保禄炮台"，成为军事禁区。后于1966年解禁开放。

圣安多尼教堂

圣安多尼教堂又名"花王堂"。位于白鸽巢前地南面，为澳门三大古教堂之一。教堂初建于1565年，并于1638、1810、1875年重建，1930年以石米铺面，形成今日外观。据

《澳门记略》记载："北隅一庙，凡蕃人男女相悦，诣神盟誓毕，僧为卜吉完聚，名曰花王庙。"

教堂布局因地制宜，因迁就周围的道路环境，造成不对称的立面形式，不对称的体量关系。前地有矮墙围合，立面做法采用现代的水刷石饰面，形式简洁，体现了新古典主义风格。

东方基金会会址

东方基金会会址，建于1770年，起初是澳门富商俾利喇（Manuel Pereira）的别墅。后租给英国东印度公司，作为该公司驻华商务监督、大班及英国驻中国高级官员的住所。1885年该房屋成为澳葡政府的财产。20世纪60年代后曾改作贾梅士博物院，现为东方基金会会址。

建筑具有强烈的南欧建筑风格，外墙洁白，圆拱式窗花檐口，斜撑开敞百叶门窗，大理石砌成的露台和台阶，富丽堂皇。

基督教坟场

基督教坟场，原称"东印度公司坟场"。建于1821年，是澳门第一座基督教传道所。后为墓园，位于澳门白鸽巢前地白鸽巢公园侧，如今早已停止入葬，成为澳门古迹。

建筑面积约80平方米，一层高，平面长方形，室内装饰简洁，用英国锤式屋架。立面总高约8米，山花顶上有十字，两侧墙面有扶壁，外墙表面为白色粉刷，正立面有半圆形透视门，两坡顶，主体为砖木结构，建筑外观古朴淡雅。

东望洋炮台

东望洋炮台，又称"松山炮台""东望洋山炮台"，是中国现存最古老的西式炮台建筑群的一部分，建于1637年～1638年之间，占地面积约为800平方米。位于澳门半岛最高的东望洋山上，是东望洋山上三大名胜古迹之一。

东望洋炮台范围包括两个著名的旅游景点：东望洋灯塔和圣母雪地殿教堂。在此可俯瞰澳门全景和珠江口的壮丽景色。

4.世界遗产委员会的评价

见证了西方宗教文化在中国以至远东地区的发展，也见证了向西方传播中国民间宗教的历史渊源。是中国现存最古老的西式建筑遗产，是东西方建筑艺术的综合体现。由此可见，澳门历史城区是中国境内接触近代西方器物与文化最早、最多、最重要的地方，同时是近代西方建筑传入中国的第一站。正如前澳门特别行政区行政长官何厚铧在申请成功后发表的即时书面讲话指出："澳门特区从此列入联合国教科文组织世遗名录，意义重大深远。"

第十三章

广东省的文化与自然遗产

开平碉楼与古村落

1.遗产简介

开平碉楼位于广东省开平市，大约建于明代后期（16世纪）。碉楼的兴起与当时的地理环境和社会治安有很大关系，一方面开平地势低洼，河道密集，又水利失修，经常有洪涝之灾；另一方面，开平处于新会、台山、恩平、新兴四县之间，为"四不管"地带，故而土匪猖獗，社会治安混乱，为求自保，当地民众被迫开始在村中修建碉楼。

开平市内碉楼星罗棋布，举目皆是，连绵数十千米，极其壮观。它们是开平政治、经济、文化的见证。不仅记述了开平人民艰苦斗争

的历史，更成为了一座近代建筑博物馆，为表现中国华侨历史、社会形态与文化传统的一种独具特色的群体建筑形象。

建筑风格多样，规模宏大，造型别致。是中国乡土建筑的一个特殊类型，是一种集防卫、居住和中西建筑艺术于一体的多层塔楼式建筑，最多时达3000多座，现存1833座。

2001年，开平碉楼作为重要史迹及代表性建筑，被国务院批准列入第五批全国重点文物保护单位名单。

2.列入世界文化遗产的原因

开平碉楼与古村落是稻作文化区域历史上长期动乱的社会生活形态的见证和综合产物，也显现出传统乡村社会向近现代文明发展的进

程及移民文化的特殊历程。它明显见证着一个在很多地方仍然存在的深奥而具吸引力的文化传统。开平孕育的地方传统，以物质及非物质的形式表现出来。这些源于当地而延伸至世界各地的乡情与传统，被延续至今，维系着海外华侨和他们在开平的祖家。

开平碉楼与古村落是一种独具艺术风格、地域特色、时代标志和审美价值的建筑类型和乡村规划的典型代表，展现了人类建筑文化的交流和景观组合的一个杰出品类。

开平碉楼打破了地域的限制，显现着屋主在地方甚至区域上，从国内走向国外的伟大贡献，它们反映出传承开平地区文化的主要价值，尤其是开平人社会和精神上的价值取向。

开平有1833座碉楼，它们巩固了碉楼作为杰出建筑物和出类拔萃的建筑群的重要性。它们散落在村庄或郊外，展示了人类历史发展的重要阶段。单从建筑物上看，它们整体的结构，往往能成功地结合东西方的建筑物外形、建筑元素和装饰部件等，并且运用多样物料，包括钢筋、混凝土及不同的建筑技术。碉楼本身深具文化价值，然而它们真正的意义和重要性，却在于它们是作为村落及户外防御系统的一部分，在20世纪早期兴建的碉楼中，这些特点尤为突出。

别致、挺拔的碉楼与传统、质朴的村落、竹林、果园、山水和稻田，共同构成了优美的文化景观，杰出地展现了人与自然和谐统一的生产、生活和居住方式，因此，我们应该把碉楼看作村落或户外防御系统的一部分。从这方面看，开平的碉楼和古村落，突显了传统人类定居的错综复杂的多层历史，代表着在特定时间、特定地点发展的独特文化。

另外，值得一提的还有开平碉楼所蕴涵的追求和平的故事。从开平的名字到很多碉楼和村屋的命名，都与和平的"平"字有关。这一命名表现了在社会环境动乱的20世纪早期，老百姓大量兴建碉楼时所寄托的愿望。

3.遗产描述

开平碉楼按建筑材料可分为以下4种类型。

（1）钢筋水泥楼。

这种楼多建于20世纪20年代至30年代，是华侨吸收世界各国建筑不同特点设计建造的。整座碉楼的用料全部用水泥、沙、石子和钢筋建成，极为坚固耐用，但由于当时的建筑材料靠国外进口，造价较高，为节省材料，也有的在里面的楼层用木阁组成。

（2）青砖楼。

青砖碉楼包括内泥外青砖、内水泥外青砖和青砖砌筑三种。内泥外青砖，这种碉楼，实际上就是上面说的泥砖楼，不过，它在泥墙外表镶上一层青砖，这样，不但美观，而且可以延长碉楼的使用寿命。内水泥外青砖，这种碉楼的墙，表面看上去是青砖建筑，其实是里、外青砖包皮，中间用少量钢筋和水泥，使楼较为坚固，但又比全部用钢筋水泥省钱，且保持美观的特点。青砖楼全部用青砖砌成，比较经济、美观、耐用，适应南方雨水多的特点。

（3）泥楼。

包括泥砖楼和黄泥夯筑楼两种。泥砖楼是将泥做成一块块泥砖晒干后用做建筑材料。为了延长泥砖的使用寿命，工匠们在建筑泥楼时，往往在泥砖墙外面抹上一层灰沙或水泥，用以防御雨水冲刷。黄泥夯筑的碉楼是用黄泥、石灰、沙、红糖按比例混合拌成作为原料，然后用两块大木板夯筑成墙。这样夯筑而成的黄泥墙，一般有一尺多厚，其坚固程度可与钢筋水泥墙相比。

（4）石楼。

即用山石或鹅卵石作建筑材料，外形粗糙、矮小，却坚固耐用，这种碉楼数量极少，主要分布在大沙等山区。

按使用功能可分为以下3种类型。

（1）众楼。

众楼建在村后，由全村人家或若干户人家集资共同兴建，每户分房一间，为临时躲避土匪或洪水使用。其造型封闭、简单，外部的装饰少，防卫性强。在三类碉楼中，众楼出现最早，现存473座，约占开平碉楼的26%。

（2）居楼。

居楼也多建在村后，由富有

人家独资建造，它很好地结合了碉楼的防卫和居住两大功能，楼体高大，空间较为开敞，生活设施比较完善，起居方便。居楼的造型比较多样，美观大方，外部装饰性强，在满足防御功能的基础上，追求建筑的形式美，往往成为村落的标志。居楼数量最多，现存1149座，在开平碉楼中约占62%。

（3）更楼。

更楼主要建在村口或村外山冈、河岸，高耸挺立，视野开阔，多配有探照灯和报警器，便于提前发现匪情，向各村预警，是周边村落联防需要的产物。更楼出现时间最晚，现存221座，约占开平碉楼的12%。

4.世界遗产委员会评价

开平碉楼与古村落是全世界最美的乡村，堪称民间主动融合不同文化的典范，这样的历史文化遗迹在全世界是独一无二的。

第十四章

中国南方喀斯特

1.遗产简介

中国南方喀斯特主要位于云南省、贵州省和广西壮族自治区等，覆盖了5万平方千米，占整个中国喀斯特面积的55%，地形地貌多样，形成于50万年至3亿年前。

中国南方喀斯特世界遗产区域范围包括：云南石林的剑状、柱状、塔状喀斯特和贵州荔波的森林喀斯特，以及重庆武隆的以天生桥、地缝、天洞为代表的立体喀斯特。这些地区是中国最具代表性的喀斯特地形地貌区域，展示了一个由多湿的热带至亚热带的喀斯特地貌。

其中云南石林以"雄、奇、险、秀、幽、奥、旷"著称，被称为"世界喀斯特的精华"。贵州荔波是布依族、水族、苗族和瑶族等少数民族聚集处，曾入选"中国最美十大森林"。

2.列入世界文化遗产的原因

中国南方喀斯特代表了世界上湿润热带到亚热带喀斯特景观最壮观的范例。云南省石林县的石林被认为是最好的自然现象和世界上该类喀斯特的最好的参照。该片区包括了发育在白云质灰岩中的乃古石林和出现在湖泊之中的蓑衣山石林。较其他发育了剑状喀斯特的地区而言，石林包含了更丰富的剑状喀斯特形态和色彩多样性，并随不同天气和光的条件而变化。荔波的锥状和塔状喀斯特同样被认为是世界上同类喀斯特的参照地，形成了特殊而又美丽的地貌景观。武隆喀斯特包含了被称为天坑的巨大垮塌洼地和罕见高度的天生桥，天生桥之间延伸着深度很大的无顶洞穴。这些壮观的喀斯特特征有着世界级的品质。

石林和荔波所展示的喀斯特特征和景观都是全球的参照地。在石林县，石林喀斯特发育的主要阶段经历了2.7亿年，跨越了从二叠纪到现今的四个主要地质时期，展示了这种喀斯特阶段演化的特征。荔波出露的碳酸盐岩发育于不同地质年代，经过几百万年的溶蚀，塑造形成了显著的峰丛（锥状喀斯特）和峰林（塔状喀斯特）。荔波喀斯特包含了众多高耸的锥峰和深陷漏斗，以及陷落河流和悠长的河流洞穴。武隆代表了经历了显著抬升的内陆喀斯特高原，其巨大的漏斗和天生桥是中国南方天坑景观的代表。武隆景观包含了世界上最大的江河系统之一——长江及其支流的历史证据。

3. 云南石林

石林位于石林彝族自治县境内，形成于2.7亿年前，以石多似林而闻名。石林经过漫长的地质演

化和复杂的古地理环境变迁，才形成了现今极为珍贵的地质遗迹，它涵盖了地球上众多的喀斯特地貌类型，仿佛把分布在世界各地的石林都汇集于此，具有世界上最奇特的喀斯特地貌（岩溶地貌）景观。素有"天下第一奇观""造型地貌天然博物馆""石林博物馆"的美誉。

石林景区面积达1100平方千米，或似千军万马奔腾，或似飞禽走兽出没，形态万千，气势恢宏，惟妙惟肖，使人不得不感叹大自然的鬼斧神工。保护区为350平方千米，湖光山色应有尽有。全区可分为8个旅游片区：石林景区、黑松岩（乃古石林）景区、芝云洞、长湖、飞龙瀑（大叠水）景区、圭山国家森林公园、月湖、奇风洞。其中开发为游览区的是：石林风景区（中心景区）、黑松岩风景区、飞龙瀑风景区、长湖风景区。

4. 贵州荔波

荔波县归属黔南布依族苗族自治州，与广西接壤。茂兰国家级喀斯特森林自然保护区就位于荔波县的东南部，它由东南部的喀斯特森林区、甲良镇洞庭五针松保证点及小七孔

喀斯特森林科学游览区三部分组成，总面积21285万平方米，其中核心区5827万平方米，缓冲区8910万平方米，实验区4588万平方米。

荔波喀斯特原始森林可分为漏斗森林、洼地森林、盆地森林、槽谷森林四大类。

漏斗森林，为森林密集覆盖的喀斯特峰丛漏斗，地势奇特，四周群山封闭，植物丛生，底部有漏斗式的落水洞，形状犹如一个巨大的绿色深邃窝穴。漏斗底至锥峰顶一般高差150米～300米，人迹罕至，万物都保持着原始自然的特色。

洼地森林，为森林广泛覆盖的喀斯特锥峰洼地，河水自洼地边潺潺流出，清澈见底，森林间小楼小桥，农田屋舍，与自然风光融合成一幅惬意的田园山色秀美风光，增添了不少的诗情画意。

盆地森林，为森林覆盖较广的喀斯特盆地（谷地），四周孤峰及峰丛巍然耸立，森林茂密，其间盆地开阔平坦，良田美池，阡陌交通，上上下下皆碧绿，浑然天成，蔚为壮观。

槽谷森林，为森林浓密覆盖的喀斯特槽谷。谷中巨石累累，石上生树，森林疏密不定，河水潺潺，高峰耸立，环境幽幽，形成神秘而静谧的景色。

5.重庆武隆

武隆县地处重庆市东南边缘、乌江下游，东邻彭水，南接贵州省道真县，西靠南川、涪陵，北与丰都相连，自古有"渝黔门屏"之称。"重庆武隆喀斯特"是中国南方喀斯特的重要组成部分。由于受碳酸盐岩与砂页岩不同岩性分布的影响，产生了独特的喀斯特地貌，数亿年来孕育出了鬼斧神工的人类瑰宝，极具独特美学价值的自然景观，它不仅反映了地球演化的历史，更是生命繁衍的记录。尤其是第一洞芙蓉洞、亚洲最大的天生桥群和全世界罕见而稀有喀斯特系统形成的后坪天坑，具有世界性意义。

芙蓉洞，位于武隆县江口镇4千米处的芙蓉江畔，发现于1993年5月。发育在寒武系和奥陶系碳酸盐岩中，由同汽坑洞、摔人洞、卫江岭洞、垌坝洞、新路口洞、水帘洞、芙蓉洞、干矸洞和四方洞等洞穴组成，其中主洞长2700米，总面积3.7万平方米。洞内钟乳石类型几乎包括世界各类洞穴近30余个种类的沉积特征，大量的次生化学沉积形态，构成了瑰丽奇特的景观，让人不得不感叹大自然的神奇造化。

天生三桥，位于重庆市的武隆县城东南20千米处，根据明代《一统志》载："龙桥山（即今天生三桥）逶迤如龙。下有空洞，即五龙山。"又有传说说八仙之一的张果老为人善良，尽心为民间行善事，在他惩治三条伤天害民的天龙、青龙、黑龙后，责令其在深山峡谷中卧地成桥，造福一方，"天生三桥"即由此而来。武隆县（原名五龙县）也由此而得名。

三座喀斯特天生桥，分布在同一峡谷的1.5平方千米的范围内，桥间有天坑。天龙桥、青龙桥和黑龙桥三座天生桥总高度、桥拱高度和桥面厚度这三个重要的指标皆居世界第一位，其三大属性更具有全球意义。

后坪冲蚀天坑，发育于奥陶系石灰岩中，由地表沟溪、落水洞、竖井、天坑、化石洞穴、地下河和泉水组成，总面积为15万平方米，是一个包含从非喀斯特区到喀斯特区，从地表到地下，从上游而下游，从补给到排泄以至冲蚀天坑不同发展阶段的完整喀斯特系统，在这一类天坑发现史上，尚处于"独一无二"的世界地位。

后坪天坑最典型的当属"箐口天坑"，箐口天坑形态完美，坑口呈椭圆形，最大和最小深度分别为295.3米、195.3米。自上而下观望，深不可测，峭壁嶙峋，奇险无比。若自下而上仰视，绝壁如削，直入天穹。无论是引颈仰视，还是坐井观天，自然原始的气息盈满四周，均给人一种超然世外、远离尘嚣之感。

6.世界遗产委员会评价

中国南方喀斯特在喀斯特特征和地貌景观方面的多样性是无与伦比的，代表了世界上湿润热带到亚热带喀斯特景观最壮观的范例，因而具有突出普遍价值。荔波、石林、武隆所展示的喀斯特特征和景观都是全球的参照地。荔波的锥状和塔状喀斯特被认为是世界上同类喀斯特的参照地，形成了特殊而美丽的地貌景观。荔波喀斯特包含了众多高耸的锥峰和深陷漏斗，以及陷落河流和悠长的河流洞穴。

第十五章

中国丹霞地貌

1.概况

中国丹霞是福建泰宁、湖南
山、广东丹霞等6个丹霞地貌风景
区"捆绑"，全面展示丹霞地貌形
成演化过程的申报自然遗产项目，
代表了世界上最典型、最优美、生
态环境多样、景观配置最佳的杰出
的丹霞景观。泰宁丹霞以"最密集
的网状谷地、最发育的崖壁洞穴、
最完好的古夷平面、最丰富的岩穴
文化、最宏大的水上丹霞"等特色
在"中国丹霞"项目中处于不可替
代的地位，是中国亚热带湿润区青
年期低海拔山原生峡谷型丹霞的唯
一代表，是"中国丹霞"从青年
期—壮年期—老年期地貌演化过程
中不可或缺的重要一环，被国内外

地学界称为"中国丹霞故事开始的
地方"。

福建泰宁：位于福建省西北的
三明市泰宁县，面积有492.5平方
千米，其中丹霞地貌面积252.7平
方千米。这里的地质公园以典型青
年期丹霞地貌为主体，兼有火山岩、
花岗岩、构造地貌等多种地质遗迹，
是集科学考察、观光览胜、休闲度假
于一体的综合性地质公园。丹霞洞穴
是泰宁的另一奇观。各种洞穴或成群
聚集，或层层套叠，大者可容千人，
小者状若蜂巢。

湖南崀山：崀山丹霞地貌类型
多，从青（幼）年期、壮年期至老
年期的遗迹均有发育。"天下第一
巷"是崀山一大奇观，由已故地洼

学家创始人陈国达命名，为两陡崖夹缝形成，两边石壁高100多米，巷长200多米，最宽处不足1米。行走巷中，恍若隔世，最能体验"在夹缝中求生存"的艰辛人生。

广东丹霞山：位于广东省韶关市东北50千米，它是广东四大名山之首，面积280平方千米。它因山石由红色沙砾构成，"色如渥丹，灿若明霞"故名，是世界"丹霞地貌"命名地，被誉为中国的红石公园。

江西龙虎山（包括龟峰）：位于江西省贵溪市，是中国道教发祥地。龙虎山地质公园是我国已发现737处丹霞地貌中发育程度最好、序列发育最完整的地区，形成了石寨、石墙、石梁、石崖等地貌形态类型23种之多。

浙江江郎山：位于浙江省江山市江郎乡境内，素有"雄奇冠天下，秀丽甲东南"之誉。它拥有全国"一线天"之最，惟妙惟肖的"伟人峰"被专家誉为"神州丹霞第一奇峰"，是我国丹霞地貌特征最明显、发育最完全的区域之一。

贵州赤水：位于贵州省赤水市境内，丹霞地貌面积达到1000多平方千米，以发育成熟典型、形态壮美而闻名。赤水的丹霞峡谷与绿色森林、飞瀑流泉相映成趣，最受游人赞誉的丹霞景观有金沙沟赤壁神州、香溪湖万年灵芝、四洞沟渡仙桥、丙安天生桥等。

2.被列入《世界遗产名录》的原因

中国"丹霞地貌"是红层地貌发育中一个独特的例证，其丰富的地貌特征展现出大自然无与伦比的美丽景观，尤其是以广东的丹霞山和湖南的崀山的丹霞地貌最为突出。中国学者对这一地貌进行了长期深入的科学研究，并首次提出"丹霞地貌"这个概念。据广东省代表团的一位代表介绍，这次丹霞地貌申报世界遗产有两个意义：一是申报世界遗产有利于对这个特殊地貌的保护；二是中国学者开创的"丹霞地貌"的概念得到世界认可。这一科研成果也将同"喀斯特地貌"一样得到国际社会的普遍承认。

但是，中国六个省联合起来将各自所在地的"丹霞地貌"景区

"捆绑"申报为世界遗产，存在着很大的难度，因为这是我国自1985年加入《世界遗产公约》以来涉及范围最广，参与单位最多的项目。国家有关部门对丹霞地貌的申遗给予了高度重视和全力的支持，国际组织的专家也参与了"丹霞地貌"项目的申报指导工作。在历时四年的申报过程中，丹霞地貌所在地的各级政府对这一世界自然遗产的价值进行了广泛的宣传，在组织专家继续深入开展对丹霞地貌的科学研究的同时，按照世界自然遗产的要求，对遗产所在地的环境进行综合治理和加强对景区的保护。2009年9月，联合国还派出专家到中国考察"丹霞地貌"，对丹霞地貌的遗产价值和保护情况进行实地考察和了解。